Philharmonie und Philharmoniker

Wolfgang Stresemann

Philharmonie und Philharmoniker

STAPP VERLAG BERLIN

Umschlagfoto: Reinhard Friedrich

ISBN 3-87776518-1
Grafische Gestaltung: Rudolf Flämig

Inhaltsverzeichnis

Rund um den Kemperplatz

Die alte Philharmonie 7

Neues Leben am Kemperplatz 10

Die neue Philharmonie

Das Gebäude 13

Das Innere der Philharmonie 15

Der Saal 18

Aus der Geschichte der Philharmonie 29

Aus der Geschichte des Berliner Philharmonischen Orchesters

Ein „verwegener“ Entschluß 37

Hans von Bülow 43

Von Bülow zu Nikisch 56

Arthur Nikisch 57

Die „goldenen“ Zwanziger Jahre

Furtwängler 63

Weitere Dirigenten der Zwanziger Jahre

Bruno Walter 75

Otto Klemperer und andere Gastdirigenten 77

Die dunklen „Dreißiger Jahre“ 79

Die Jahre des Wiederaufbaus 82

Von Furtwängler zu Karajan 86

Herbert von Karajan 87

Die großen Gastdirigenten des Berliner Philharmonischen Orchesters 105

Dem hundertsten Geburtstag entgegen 111

Rund um den Kemperplatz

Die alte Philharmonie

Einstmals war dieser Platz ein wichtiger Schnittpunkt im Zentrum der Reichshauptstadt. Am Kemperplatz mit seinem nicht mehr erhaltenen „Rolandsbrunnen“ nahm die berühmte Siegesallee ihren Anfang, auf der sich Standbilder aller brandenburgischen und preussischen Herrscher ohne Rücksicht auf Verdienst und Leistung befanden; in den Kemperplatz mündete die Tiergartenstraße, die früher als vornehmstes Wohnviertel Berlins galt; vom Kemperplatz gingen aber auch drei kleinere Straßen aus: die Viktoriastraße, die einen Teil des Diplomatenviertels bildete, die Peter-Lennéstraße, die zu der in der Budapesterstraße liegenden Villa des Reichsaußenministers führte, und schließlich die Bellevuestraße, die am Potsdamer Platz endete; dort befand sich eine Untergrundbahnstation, die von zahlreichen im Westen der Stadt wohnenden Musikfreunden benutzt wurde, um zu der nicht weit von ihr entfernt gelegenen Philharmonie in der Bernburgerstraße zu gelangen. Wer dort einen eindrucksvollen Bau erwartet hatte, sah sich getäuscht. Der Konzertsaal, der vor mehr als einem Jahrhundert gebaut worden war und ursprünglich als Rollschuhbahn diente, befand sich bescheiden in einem Hinterhaus. Der Besucher mußte durch eine Art Kolonnade gehen, die wenig zu dem verhältnismäßig eleganten Vorderhaus paßte, kam dann in einen offenen Hof, nach dessen Überquerung er den eigentlichen Saalbau betrat. Schmucklose Garderoben grüßten ihn, dann ging es durch ein nicht sehr eindrucksvolles Foyer, und schließlich gelangte man, ohne von den räumlichen Gegebenheiten auch nur im geringsten inspiriert zu sein, in den Saal. Dieser war alles andere als ein Meisterwerk. Kein Wunder, wenn man an seine erste Bestimmung dachte. Viereckig, langgestreckt, mit unzähligen, nur durch einen Mittelgang getrennten Sitzreihen, gab er der übergroßen Zahl der Besucher auf nicht gerade bequemen, meistens auch noch knarrenden Holzstühlen im Parterre Platz, während der Rang im wesentlichen Logen vorbehalten war, wie dies in Konzert und Oper den Erfordernissen der damaligen Gesellschaft entsprach. Einige größere Logen waren auch im Parterre auf beiden Seiten des Saales eingebaut, von denen die links gelegenen kaum als Logen im alten Sinne bezeichnet werden konnten. Befanden sich doch hinter ihnen die sogenannten unnumerierten Plätze, viele Hunderte an der Zahl, für die sich vor allem die musikbegeisterte Jugend Stunden vor der Öffnung des Saales anstellte, um dann im Laufschritt diejenigen Sitze hinter den vorderen Logen zu erobern, von denen man einen einigermaßen günstigen Blick auf das Podium hatte.

Die alte, zweimal umgebaute Philharmonie besaß eine reiche, prunkvolle Stuckverzierung; ihre Seitenwände schmückten von Genien umrahmte Gipsbüsten berühmter Komponisten darunter eine von Mendelssohn, die man wohl versehentlich auch im Dritten Reich unangetastet ließ. Die ornamentale Pracht des Innenraums, die schönen Kronleuchter sowie das würdig gehaltene Podium vermittelten ein Bild großbürgerlichen Wohlstandes. Dennoch konnte man sich des Eindrucks, in einer, allerdings fürstlich ausgestatteten Mehrzweckhalle zu sein, nicht erwehren. Ältere Besucher werden sich wohl an jene überaus beliebten „Populären Konzerte" erinnern, bei denen die Zuhörer an langen, mit schneeweißen Tischtüchern bedeckten Tischen saßen und zu Beethovenklängen den ständig herumeilenden Kellnern bisweilen recht lautstark und ohne viel Rücksicht auf das musikalische Geschehen ihre Bestellungen aufgaben. Tanzvergnügen waren keine Seltenheit in der Philharmonie, auch Versammlungen und Kundgebungen fanden dort statt.

Dennoch hingen die Berliner an dieser, ihrer Philharmonie. Mehrfach angestellte Überlegungen, einen neuen, auch nach außen hin repräsentativen Konzertsaal zu bauen, fanden keine Gegenliebe. Denn der bürgerlich-viktorianische Saal in der Bernburgerstraße war im Verlauf der Jahre und Jahrzehnte, fast möchte man sagen, in den Adelsstand erhoben worden durch die Musik, die in ihm erklang. Hier wirkten die Berliner Philharmoniker, seit Hans von Bülow international als führendes Orchester anerkannt, hier gaben sie dank der Initiative von Hermann Wolff die berühmten „Philharmonischen Konzerte", die nach Bülow mehr als ein Vierteljahrhundert von Arthur Nikisch und dann von Wilhelm Furtwängler dirigiert wurden, hier fand von 1921 – 1933 der Bruno-Walter-Zyklus statt; Klemperer, Kleiber, Mengelberg, de Sabata, alle großen Dirigenten der Welt erschienen in der Philharmonie an der Spitze eines stets sein Bestes gebenden Berliner Philharmonischen Orchesters. Dann die zahllosen Konzerte prominenter Pianisten, Geiger, Sänger und Sängerinnen (damals war die Zahl der Liederabende viel größer als heute) sowie weltbekannter Kammerensembles, die man in der Philharmonie hören und bewundern konnte. Wer hätte sich beim Eintritt in den – übrigens akustisch hervorragenden – Saal nicht von dieser künstlerischen Atmosphäre einfangen lassen, wer wäre von dem symbolhaften Glanz jener großen Musiktradition unberührt geblieben, die mehr als ein halbes Jahrhundert die alte Philharmonie erfüllte und sie trotz der architektonisch weitaus schöneren Singakademie und anderer bedeutender Konzertsäle zum Mittelpunkt des Berliner und – zumindest in den zwanziger Jahren – des europäischen Musiklebens machte? 1944 wurde die Philharmonie zerstört. Der Saal, in dem sich ein wichtiges Stück Musikgeschichte abgespielt hatte, wurde nicht wieder aufgebaut. Nicht nur lag er verkehrsungünstig, ein Wiederaufbau – das fühlten wohl alle – hätte einen Schritt in eine unwiederbringliche Vergangenheit bedeutet, ein Schritt, der wenig zu Berlin gepaßt hätte, dieser nach dem Zusammenbruch mehr denn je dem Neuen, Zukünftigen hin gewandten Stadt. So galt es, Abschied zu nehmen von der Bernburgerstraße, die nur noch ein Trümmerfeld war. Und manchem mag bei diesem Abschied das Dichterwort in den Sinn gekommen sein:

„Was vergangen, kehrt nicht wieder,
Ging es aber leuchtend nieder,
Leuchtet's lange noch zurück."

Neues Leben am Kemperplatz

Berlin ohne Philharmonie? Die Stadt hatte furchtbar während des zweiten Weltkrieges gelitten, große Teile waren dezimiert, und man brauchte Jahre, um erst einmal die Trümmer zu beseitigen. So gab es vorerst andere Sorgen als die Errichtung eines neuen Konzertsaales. Aber bereits 1949 kam es zu einer bemerkenswerten Bürgerinitiative. Auf Grund eines Aufrufes im „Tagesspiegel" wurde die „Gesellschaft der Freunde der Philharmonie" gegründet mit dem Ziel, dem Berliner Philharmonischen Orchester zu einer künstlerischen Heimstätte zu verhelfen. Der Aufruf ist vor allem dem unvergessenen Chefredakteur des „Tagesspiegel", Eric Reger, zu verdanken, der zusammen mit Wilhelm Furtwängler die erste Versammlung der Gesellschaft leitete. Furtwängler wies auf die Not der Philharmoniker hin, deren Wirkungskraft ohne einen entsprechenden Saal leiden müsse. Sein Appell fand begeisterte Zustimmung nicht nur in Berlin, sondern auch in allen Teilen des Landes. Der Bundespräsident, der Bundeskanzler, Ernst Reuter und zahlreiche Spitzenpolitiker traten der Gesellschaft bei, die unter Führung von Eric Reger und später vor allem von Rudolf Gleimius, dem Präsidenten der Zentralbank, daran ging, Gelder zu sammeln. Groß war die Zahl anderer verdienstvoller Männer, die mit Gleimius durch Sammelaktionen, Losbrief-Lotterien, Tombolas und Philharmonie-Marken schließlich weit über eine Million DM, eine für die damaligen Zeiten erstaunliche Summe, erzielten, um gleichermaßen als Lokomotive den Philharmonie-Zug in Bewegung zu setzen. In unserer Zeit, in der die meisten Bürger für ihre meisten Anliegen sich an den Staat wenden, bei ihm die notwendigen Gelder anfordern und in der Regel schwer entrüstet sind, wenn sich der Staat nicht immer oder nicht sofort als melkende Kuh erweist, verdient diese Privatinitiative, der nicht nur begeisterte Worte, sondern auch bedeutende Taten folgten, immer wieder hervorgehoben zu werden. – Die Gesellschaft beschäftigte sich alsbald mit der Platzfrage, schlug vor, den Bau hinter der architektonisch wertvollen, unter Denkmalschutz stehenden Fassade des Joachimsthalischen Gymnasiums in der Bundesallee zu errichten, und trat in Verhandlungen mit dem Senat von Berlin ein, um über einen Erbbauvertrag in den Besitz der für den Bau notwendigen Grundstücke zu gelangen. Trotz des Elan der „Freunde" waren viele zeitraubende Klippen zu überwinden. Meinungsverschiedenheiten wegen des Standortes, Überlegungen, ob man dem geplanten Philharmoniebau noch andere Bauten angliedern solle, die Zurverfügungstellung zusätzlicher staatlicher Mittel nahmen Jahre in Anspruch. Erst im Oktober 1954 stimmte der Senat dem Standort in der Bundesallee grundsätzlich zu und sandte eine entsprechende Vorlage an das Abgeordnetenhaus. Weiterhin wurde für die technische Durchführung des Baus die Gründung einer „Konzerthaus der Berliner Philharmoniker GmbH" beschlossen, die schließlich im August 1956 ins Leben gerufen und deren Aufsichtsratsvorsitzender Rudolf Gleimius wurde. Nunmehr konnte das Kuratorium der Gesellschaft der Freunde der Philharmonie endlich einen „Engeren Bauwettbewerb für den Neubau eines Konzertsaales mit Nebenräumen für das Berliner Philharmonische Orchester" ausschreiben. Bis spätestens Ende November 1956 waren die Wettbewerbsarbeiten einzureichen. Das Preisgericht bestand aus sieben Fach- und sechs Laienpreisrichtern mit ihren Vertretern, unter ihnen der um den Philharmoniebau hochverdiente Senator für Volksbildung, Joachim Tiburtius, Herbert von Karajan, H. H. Stuckenschmidt, Boris Blacher, der Intendant des Berliner Philharmonischen Orchesters, Gerhart von Westerman, und Präsident Gleimius. Zur Teilnahme wurden insgesamt vierzehn Architekten aus Berlin, Stuttgart, Düsseldorf und Hannover aufgefordert. Das Preisgericht brauchte sechzehn Stunden, um zu einer Entscheidung zu gelangen. Mit neun gegen vier Stimmen erhielt schließlich Professor Hans Scharouns Entwurf den ersten Preis. Damit war die für den Bauauftrag selbst vorgeschriebene Drei-Viertel-Mehrheit jedoch nicht erreicht. Es drohte eine Situation, wie sie sich schon einmal beim Neubau der Oper in Kassel ereignet hatte, als Scharoun gleichfalls den ersten Preis erhalten hatte, das Opernhaus selbst jedoch von einem anderen Architekten nach dessen eigenen Plänen gebaut wurde. Berlin blieb ein solches Trauerspiel erspart. Nach eindringlichen Appellen Herbert von Karajans und H. H. Stuckenschmidts, der sich in der „Welt" in einem Artikel mit der Überschrift „Wird das Beste nicht gebaut?" für die Erteilung des Bauauftrages an Scharoun einsetzte, faßten das Kuratorium der Gesellschaft der Freunde der Philharmonie sowie der Aufsichtsrat der Konzerthaus der Berliner Philharmoniker GmbH den bindenden Beschluß, Scharoun das Plazet für die Ausarbeitung seines preisgekrönten Entwurfes zu erteilen.

Aber noch einmal sollte sich der Baubeginn erheblich verzögern. Neuwahlen des Abgeordnetenhauses ergaben eine veränderte Konstellation. Aus der Mehrheit, die sich für den Philharmonie-Bau in der Bundesallee ausgesprochen hatte, wurde eine Minderheit. Nunmehr nahm das Abgeordnetenhaus einen Antrag an, der für Scharouns Saal ein eigenes Haus forderte, das, so wie die alte Philharmonie, im Zentrum der Stadt liegen sollte, zugänglich für alle Berliner aus Ost und West. Ein Gelände, dicht am Kemperplatz, am Rande des Tiergartens bot sich an und wurde als neuer Standort bestimmt. Ein kühner Entschluß. Denn das vorgesehene Terrain gehört zum „toten Auge" Berlins, d. h. zu jenem Gebiet, das wegen der Nähe der damals allerdings noch nicht gesperrten Sektorengrenze unbebaut und teilweise verwüstet geblieben war. Das Risiko war unverkennbar. Würden die Berliner den sehr weiten Weg in diese einsame „Wüstengegend" antreten, wo sich die „Füchse Gute Nacht sagten" und wo nun, einsam und verlassen, ein Konzerthaus stehen sollte? Überdies, würde Scharoun der wohl einmalige Auftrag glücken, für einen bereits entworfenen, preisgekrönten Konzertsaal nachträglich ein eigenes Gebäude zu errichten? – Scharoun machte sich sogleich an die Arbeit. Wahrscheinlich schwebte ihm, dem genialen, von schöpferischer Phantasie strotzenden Architekten, die Vision eines eigenen Hauses schon seit Anbeginn seiner Beschäftigung mit dem Saal vor, sicherlich war ihm die Idee für ein solches Gebäude längst zuvor geboren, ähnlich wie bei einem großen Komponisten, dem sich oftmals zugleich mit der Erfindung eines Hauptthemas dessen zahlreiche Ausbau- und Entwicklungsmöglichkeiten blitzartig offenbaren. Jedenfalls bewältigte Scharoun die ihm gestellte Aufgabe in erstaunlich schneller Zeit. Am 19. September 1960 erfolgte die Grundsteinlegung. Ein herrlicher Herbsttag, Hochstimmung, Hammerschläge, Reden, Musik, der Traum von einer neuen Philharmonie für alle Berliner schien Wirklichkeit zu werden. – Ein Jahr später war dieser Traum ausgeträumt, Berlin wurde geteilt, eine Mauer mitten durch die Stadt gezogen. Plötzlich befand man sich nahe einer nicht mehr passierbaren Grenze, an der entlang eine neue Verkehrsstraße in aller Eile gebaut werden mußte, plötzlich war der Untergrundbahnhof am Potsdamer Platz geschlossen, der von den Besuchern der neuen Philharmonie benutzt werden sollte.

Aber die Berliner ließen sich nicht entmutigen. Man baute weiter; schon zwei Jahre später wurde, sichtbar für alle auch jenseits der Mauer, die Scharoun'sche Philharmonie vollendet, Wahrzeichen freiheitlicher Baukunst, Beweis für die Lebenskraft der Stadt, der erste in einer ehemaligen Trümmerlandschaft errichtete Kulturbau, dem weitere folgen sollten.

Die neue Philharmonie

Das Gebäude

Ein erster Blick auf das Gebäude: nicht wenige werden von vielen Einzelheiten fasziniert, aber vom Ganzen eher beunruhigt, wenn nicht sogar befremdet sein. Die ungeheure Vielfalt der baulichen Erscheinungen, die Schwierigkeit, die Seiten des Gebäudes – wieviele gibt es eigentlich? – klar zu erkennen, die verschiedenen Materiale, die verwendet sind, Vorbauten aus Glas oder Beton, Treppen, die nirgendwo hinzuführen scheinen, turmartige Gebilde, herausspringende Formationen, Bullaugen: schwer ist es für den Betrachter, sich zurechtzufinden, innere Beziehungen herzustellen und die Frage zu unterdrükken: Ist dies wirklich die Philharmonie, ein Konzerthaus? Ein japanischer Besucher meinte, es handele sich um einen Bau nach einem Erdbeben! Was soll er darstellen, was bezwecken? Die einen verweisen auf das zeltartig geformte Dach mit seiner aus drei Schwüngen bestehenden Silhouette und erkennen mit Recht eine Entsprechung zwischen innen und außen, ohne daß damit alles gesagt wäre. Andere vergleichen das Haus mit einem Schiff, denken an die Herkunft des Architekten aus dem Norden des Landes, entdecken neben den bereits erwähnten Bullaugen nicht nur eine, sondern mehrere „Kommandobrücken" deren praktischer Nutzen nicht erkenntlich ist, und verweisen insbesondere auf die bugartige Form der westlichen Bauseite, die über dem Haupteingang liegt. Aber volle Klarheit ergeben solche Hinweise auch nicht. Je öfters man Scharouns Philharmonie von außen betrachtet, umso mehr ist man erstaunt und verwundert über die geradezu verwirrende Vielfalt des äußeren Baugeschehens. Ist sie darauf zurückzuführen, daß Scharoun das Gebäude erst schuf, nachdem sein Saal entworfen und preisgekrönt war? Oder ist der Grund darin zu sehen, daß entgegen dem Willen des Erbauers die Außenwände statt mit den von ihm entworfenen Platten aus Geldgründen lediglich gelb angestrichen wurden, so daß man nicht ganz zu Unrecht von einem unvollendeten Bau sprechen kann? Oder beeinträchtigt der noch immer fehlende Kammermusiksaal, für Scharoun integrierender Bestandteil des Ganzen, den Gesamteindruck?

Fast glaubt man, daß Scharoun, seiner überschäumenden Phantasie nachgebend, mit den zahlreichen Terrassen, Fassaden, eckigen und runden Fenstern, Balkons, aber auch mit abstrakten Formen, ein übermütiges Spiel getrieben hat, das wenig mit der Gestaltgebung eines Konzertsaales zu tun hat.

Doch dem ist nicht so. Sicherlich vermißt der Betrachter mit Vorstellungen aus älterer Zeit die hergebrachte Klarheit der Form mit genau erkennbarer Zahl von Ecken und Winkeln. Der mit modernen Bauten vertraute Beobachter, gewöhnt an oftmals mißverstandene „funktionelle“ Baumethoden und Baustile, stößt sich an der nicht oder nicht sofort logisch erkennbaren Zweckbestimmung des Gebäudes, an der behaupteten „Uferlosigkeit“ des Baus. Dem Betrachter aus alter Zeit antwortet Scharoun mit der Gegenfrage, wieviel Ecken der Limburger Dom habe, und wer vermöchte sie zu zählen? Dem Freund funktioneller Bauweise sei geraten, gerade an die Funktion dieses Bau zu denken, nämlich an die Musik. Vielleicht ist er mit ihrem Wesen nicht allzu vertraut. Daher der Hinweis, daß die Vielfalt der baulichen Erscheinungen, das Miteinander und Zueinander der einzelnen Teile, aber auch ihr verblüffendes Gegeneinander, den Vergleich mit einer Orchesterpartitur geradezu aufdrängt. Man sagt, daß Architektur gefrorene Musik sei. So ist es keineswegs abwegig, Scharouns Außenbau der Philharmonie als symbolhafte Reflektion vielstimmiger, farbiger Musik zu werten, wie sie im Saal, dem Kernstück des Baus, erklingt. Parallelen ergeben sich: auch der Musiker wird kaum beim erstmaligen Hören einer neuen Komposition jede Einzelheit aufnehmen können, muß sich nicht selten durch ein polyphones Gewebe hindurcharbeiten oder sich, wie z. B. bei einem Tonstück der impressionistischen Schule, in ein Werk allmählich hineinhören, dessen besonderer Reiz im Eigenwert unzähliger Klangfarben und Klangmischungen besteht. Ähnlich bei Scharouns Bau: man muß sich in seine „erstarrte Polyphonie“, seinen „gemeißelten Kontrapunkt“ hineinsehen, hierbei immer wieder zu Tage tretende Aspekte wahrnehmen, und wird alsdann, wie bei jeder Komposition von Rang, das organisch Gewachsene, aber auch das Individuelle seiner, von einem Einfallsreichtum sondergleichen zeugenden Baukunst erkennen und bewundern, einer Baukunst, die vom Betrachter Mitarbeit, Miterleben, Eigenphantasie erfordert. Auch die äußere Gewandung der Philharmonie verrät von dem, was sich im Hause vollzieht. Ihre angebliche Verspieltheit steht im engen Zusammenhang mit dem Spiel drinnen.

Das Innere der Philharmonie

Nur allzuoft wird der Kassenraum eines Konzertsaals architektonisch vernachlässigt, gleicht bisweilen der Wartehalle eines Bahnhofs zweiter Klasse. Anders bei der Philharmonie. Nachdem der Besucher unter einem überdachten, offenen Vorbau, der in glücklicher Weise einen Übergang vom freien Raum zum Gebäude selbst darstellt, den absichtlich niedrig gehaltenen Kassenraum betreten hat, erhält er sogleich einen herrlichen Blick in das sich nach allen Seiten, aber auch in die Höhe gewaltig ausbreitende Foyer. Jeder, der zur Philharmonie kommt, sollte diesen Blick bewußt genießen. Denn die Schönheit dieses großen, aber doch stets überschaubaren Raumes, der einen Durchblick vom Eingang (Tiergartenstraße) bis fast zur Entlastungsstraße gewährt, ist sicherlich dazu angetan, jenes Hochgefühl zu erwecken, wie es Scharoun als Vorbereitung auf den eigentlichen Konzertgenuß beabsichtigt hat. Dieses Foyer, in dem sich der größte Teil der Zuhörer bewegt, ist kein gerader, kalt abgemessener Raum, sondern stellt selbst Abbild der Bewegung dar. Scharoun ging in völlig neuartiger Weise vor. Das Foyer befindet sich zu ebener Erde. Über ihm wölbt sich der Saal mit einigen seiner Eingangsschleusen, bildet also ein notwendigerweise verschieden hohes Dach des Foyers, eine Konzeption, die entscheidend zur Bewegtheit des Ganzen beiträgt. Aus dieser Anordnung ergibt sich – seltsam für einen Bau der zweiten Hälfte des zwanzigsten Jahrhunderts – die Notwendigkeit zahlreicher Treppen, die der ganz überwiegende Teil der Besucher benutzen muß, um zu den Sitzen zu gelangen und natürlich auch um zum Foyer zurückzukehren. Scharoun hat nun seine Treppen in einzigartiger Weise zu einem den ganzen Raum belebenden, geradezu bestimmenden architektonischen Element gestaltet. Sie führen nach allen Seiten, sind zum Teil paarweise, aber räumlich nicht gleichmäßig angeordnet und geben, auch dank ihres durchwirkten, transparenten Geländers, dem Gesamtraum Beschwingtheit, Eleganz und Formreichtum. Durch die Vielfalt der Treppen, die das Auge stetig umherschweifen läßt, durch die Möglichkeit, ihren Verlauf über die erste Galerie hinauf weiter aufwärts zu verfolgen, erhält der Besucher stets neue Eindrücke, neue Blickwinkel, neue faszinierende architektonische Aspekte. Nichts ist in diesem Philharmoniefoyer erstarrt, dient lediglich der Funktion, alles lebt, scheint in dauernder Bewegung zu sein, fast möchte man von einem architektonischen „Perpetuum mobile“ sprechen. – Einige Einzelheiten: das Foyer enthält ohne Schmälerung des baulichen Gesamteindrucks – auch dies ist erstaunlich – die Garderobe für die Besucher der linken Saalseite. Wer rechts sitzt, findet seine Garderobe oben im Galeriegeschoß, muß also eine der Treppen sogleich benutzen. Die Galerie erweitert sich zu weiteren Foyerräumen. Wer auf der Galerie wandelt, erhält einen faszinierenden Blick auf das Hauptfoyer mit seinen Hunderten von Besuchern, denen es nie an Platz gebricht. Dieses Hauptfoyer ist für alle nur möglichen Zwecke geschaffen. Es eignet sich für große Empfänge, in ihm haben die Philharmoniker mehrfach andere Orchester gastlich empfangen sowie Weihnachtsfeiern für Jung und Alt abgehalten. Aber auch abgegrenzte Teile werden für Presseempfänge und kleinere festliche Anlässe benutzt. Darüber hinaus stellt das Foyer einen ausgezeichneten Konzertraum dar, in dem Kammermusik im Rahmen von Vortragsveranstaltungen schon mehrfach gespielt wurde, wobei sich verschiedene Aufstellungsmöglichkeiten ergeben. Auch für Wandelkonzerte, wie sie heute Mode sind, kommt das Foyer in Betracht. Seine räumlichen Begrenzungen bilden einmal der „Auftakt", eine abstrakte Plastik von Bernhard Heiliger, auch sie Symbol der Bewegung, dann zur linken Seite jene gewaltige Doppel-V-Stütze, ein gewichtiger, architektonisch notwendiger Schwerpunkt für den so herrlich gegliederten, sich scheinbar immer auf's Neue gliedernden Raum. Gegenüber diesem „ruhenden Pol in der Erscheinungen Flucht" befindet sich eine attraktive Farbglaswand in variiertem Rot. Sie stammt von Alexander Camaro, dem drei weitere Glaswände mit den Grundfarben Grau-Rosa, Blau-Grün und Braun-Gold zu danken sind. Die Farbigkeit des Foyers wird unterstützt durch die Gestaltung des Fußbodens, dessen Naturstein durch bunte Teile aus Glasmosaik wirkungsvoll unterbrochen wird, ein Werk von Erich F. Reuter. Schließlich die kugelförmigen Leuchten, aus je 72 Fünfeckflächen, für die Günter Ssymmank verantwortlich zeichnet.

Die Konzertbesucher der Philharmonie sind aber nicht lediglich auf das Hauptfoyer mit seiner Galerie beschränkt. Es gibt neben vielen kleineren Aufenthaltsplätzen das sogenannte Südfoyer, ein langgestreckter Raum, der vor allem den Besuchern höher gelegener Blocks als Pausenstätte dient. Von diesem Foyer hat man einen eindrucksvollen Blick auf die wieder aufgebaute Matthäi-Kirche, auf die „Neue Nationalgalerie" (ihr Erbauer: Mies van der Rohe) sowie auf den monumentalen Neubau der Staatsbibliothek, gleichfalls ein Werk von Hans Scharoun. Dereinst wird man vom Südfoyer auch auf den Kammermusiksaal der Philharmonie blicken können, für den Scharoun noch die wichtigsten Entwürfe fertiggestellt hat. Es besteht begründete Hoffnung, daß dieser Kammermusiksaal, der unbedingt zur Philharmonie gehört, zum hundertsten Geburtstag des Berliner Philharmonischen Orchesters 1982 fertiggestellt sein wird. Weitere Anbauten an die Philharmonie sind noch mit Zustimmung und Mitwirkung Scharouns von der „Stiftung Preussischer Kulturbesitz" geplant; es handelt sich um die Verlegung des Museums für Musikinstrumente sowie um die Angliederung des Instituts für vergleichende Musikwissenschaft.

Schließlich ist der Bau zweier großer Museen rechts vom Kammermusiksaal vorgesehen. Noch handelt es sich hierbei um „Zukunftsmusik". Möge die Zeit nicht allzu fern sein, in der diese Bauten vollendet werden. Dann wird man vom Südfoyer der Philharmonie aus auf ein in der Welt wohl einzigartiges Kulturzentrum blicken können.

Das Südfoyer ist etwas abgelegen und wird deswegen von Konzertbesuchern bevorzugt, die sich dem Eindruck der gehörten Musik noch in Ruhe und in einer gewissen Abgeschlossenheit hingeben wollen. Dieser Raum eignet sich besonders für Nachdenkliches, Nachklingendes. Darum ist er, in dem auch kleinere Veranstaltungen und Empfänge abgehalten werden können, vornehmlich der Erinnerung, der Rückbesinnung gewidmet. Im Südfoyer sind die Büsten von drei großen Dirigentenpersönlichkeiten aufgestellt, die mit der Geschichte des Berliner Philharmonischen Orchesters untrennbar verbunden sind: es sind dies Hans von Bülow, Arthur Nikisch und Wilhelm Furtwängler. Hier finden wir auch mehrere Vitrinen, in denen Dokumente, vor allem Programme des Orchesters aus alter Zeit, zu besichtigen sind. Der den drei Büsten zugewiesene Platz ist noch von Scharoun selbst bestimmt worden. An der Formgebung und dem Aufstellungsort der Vitrinen war Scharouns engster Mitarbeiter, Edgar Wisniewski, maßgeblich beteiligt.

Vor seinem Ableben war Scharoun ein häufiger Gast in der Philharmonie. 1973 wurde die einzige Büste, die es von ihm gibt, ein Werk von Marg Moll, im Hauptfoyer aufgestellt. Auch bei der Suche nach einem geeigneten Aufstellungsort wirkte Edgar Wisniewski mit. Lange wurde gesucht, und noch immer bestehen Zweifel, ob der schließlich gewählte Ort der richtige ist. Aber gibt es überhaupt einen richtigen Ort? Wohl alle, die an der Suche teilnahmen, mußten erneut erkennen, daß die Philharmonie und ihr Foyer vollendete Bauten sind im doppelten Wortsinn. Dies bedeutet: einem wahrhaft vollendeten Werk kann man nichts hinzufügen, wie man auch einer Beethoven-Symphonie keine Note hinzufügen (oder auch wegnehmen) kann. Beim Durchwandern des Foyers, beim Abwägen des Für und Wider denkbarer Möglichkeiten für den Aufstellungsort der Büste mußte man das Vergebliche des Bemühens erkennen. Alles fügte und ergänzte sich so meisterlich, daß es schwer fiel, das so kühn Erdachte durch die allen am Herzen liegende Ehrung auch nur geringfügig zu verändern.

Der Saal

Goethe hat einmal die Berliner „verwegen" genannt. Verwegen bedeutet in erster Linie kühn, waghalsig, es bedeutet aber auch: außerhalb des üblichen Weges, vom Wege ab. Diese Art von „Verwegenheit" kennzeichnet den echten Berliner. Ihn interessiert das Neue, Neuartige, vom alten Weg Hinwegführende, wobei die Gefahr des „Abwegigen" in Kauf genommen wird. Als Scharoun seinen Philharmonie-Entwurf einreichte, bezeichnete ihn eine Minderheit als abwegig, während die große Mehrheit, von der völlig neuartigen, also „verwegenen" Konzeption fasziniert, ihm den ersten Preis zusprach (ohne daß damals der Name des Architekten den Preisrichtern bekannt war). Daher darf man von einer typischen „Berliner" Entscheidung sprechen.

Hans Scharoun, 1893 in Bremen geboren, hochverdient um Planung und Neuaufbau der ehemaligen Reichshauptstadt, in der er seit 1932 lebte und wirkte, hatte sich, wie viele seiner Skizzen, Aussprüche und Entwürfe zeigen, jahrelang mit den immanenten Beziehungen zwischen Mensch, Raum und Musik beschäftigt, Erkenntnisse gesammelt, eigene Auffassungen entwickelt, in der sich oft genug als trügerisch erweisenden Hoffnung, einen Auftrag für den Bau eines Konzerthauses zu erhalten. Es war ein Glücksfall, daß trotz zahlreicher zerstörter Konzertsäle Berlin dem genialen Architekten die große, einmalige Gelegenheit gab, den Saal zu bauen, den er schon immer bauen wollte, überdies zu einem Zeitpunkt höchster Meisterschaft, in einem Alter, in dem man mit Recht von „der Weisheit letztem Schluß" sprechen darf. So hat ein „jugendlich-reifer" Meister Ideen, die er ein ganzes Leben in sich trug, künstlerisches Streben und den Erfahrungsschatz mehrerer Jahrzehnte in die Philharmonie hineingebaut und einen daher unwiederholbaren Saal geschaffen, der seinen Ruhm um die ganze Welt getragen hat.

Nicht selten vergleicht man den Konzertsaal mit einem „Tempel der Musen". Wie oft vermag eine wahrhaft erfüllte Aufführung der „Matthäus-Passion", der „H-Moll Messe" oder anderer großer religiöser Werke den Konzertsaal in eine Kirche zu verwandeln, wie oft verleiht ein der Musik innewohnender transcendentaler Laut, besonders spürbar in manchen „sub specie mortis" geschriebenen Meisterwerken, dem Raum die Weihen eines Tempels, in dem durch das Medium der Töne der Mensch zu Gott und Gott zum Menschen spricht.

Philharmonie,
Einzelheiten der Fassade

Foyer der Philharmonie

Treppen im Foyer der Philharmonie

Musik, zu Recht Schwester der Religion genannt, wurde lange Zeit hindurch fast ausschließlich zur Ehre Gottes geschrieben und empfangen. So nimmt es nicht wunder, daß beim Bau von Konzertsälen gleiche oder ähnliche Prinzipien, wie bei der christlichen Kirche, obwalteten. Dort herrscht als oberstes Prinzip das der Trennung zwischen denen, die die Botschaft Gottes verkünden, und denen, die sie anhören. Das „Heilige", die Liturgie, ist scharf abgegrenzt von dem der Gemeinde zugewiesenen Kirchenschiff. Diese jahrhundertalte Zweiteilung wurde nun auch für den Konzertsaal, den Tempel der Musen, übernommen. Vom Podium herab verkündet der Interpret – zuvor fast immer mit dem Komponisten identisch – die Botschaft der Musik, zu seinen Füßen, aber doch deutlich getrennt, befinden sich die Zuhörer, die ein großer nachschöpferischer Gestalter, einem Apostel vergleichbar, nicht nur in einen Zustand der Begeisterung, sondern auch der verehrungsvollen Andacht zu versetzen vermag. So liegt die Parallele Kirche – Konzertsaal auf der Hand und führte dazu, daß auch beim Konzertsaal die Trennung zwischen „Ausführenden" und „Entgegennehmenden" verständlich, sogar selbstverständlich wurde. Erstaunlich die Macht der Tradition, insbesondere in einer Zeit großer Wandlungen. Die eingereichten Entwürfe für einen Konzertsaal, als Heim des Berliner Philharmonischen Orchesters, gingen erneut von der alt-gewohnten Trennung aus. Es gab nur eine Ausnahme: der Entwurf Hans Scharouns.

Scharoun hebt die Trennung auf. Aus dem „Gegenüber", aus dem Getrenntsein, wird ein „Miteinander", wird die Gemeinschaft der Zuhörer mit den Musikinterpreten. Die Musik, für die meisten Zuhörer konventioneller Säle in „ehrfurchtsvolle" Ferne gerückt, steht nunmehr im Mittelpunkt des Geschehens. Sie ist im Saal Scharouns das zentrale Ereignis. Musik in der optischen wie räumlichen Mitte, Konzentration auf die Musikdarbietung, bildet die Grundidee Scharouns für die neue Philharmonie. Er hat diese Idee in einmaliger Weise verwirklicht. Wohl jeder, der den Saal erstmalig betritt, hält den Atem an, ist überwältigt, nicht nur von der monumentalen Struktur oder von der gewaltigen Höhe (der Luftraum der Philharmonie ist der größte unter allen europäischen Konzertsälen), sondern vor allem von der umstürzenden Erlebniskraft, die diesem Saal innewohnt und – dies darf hinzugefügt werden – ihm auch nach fast anderthalb Jahrzehnten zu eigen ist. Als Herbert von Karajan den fertigen Saal zum ersten Male betrachtete, blieb er einen Moment stumm. Sein Gesichtsausdruck verriet beglückte Erschütterung. Alles in diesem Saal war einfach richtig, nichts konnte anders sein. Wie die Größe eines Kunstwerkes rationell nicht erklärbar ist, so gilt ein Gleiches für den Saal der Philharmonie. Es ist ein Kunstereignis, ebenbürtig großer Musik, für die er bestimmt ist. Was kaum jemals zuvor gesagt werden konnte: dieser Saal spielt mit, ist Teil des

Konzerts, nimmt den Zuhörer in einem so hohen Maße gefangen, daß man sich anfangs fragte, ob nicht die Erlebnisgewalt des Raumes die der Musik übersteige, ob Scharoun über Beethoven triumphieren würde.

Der Saal – so Scharoun im Festprogramm zur Eröffnung der Philharmonie – folgt in seiner Gestaltgebung dem Bild einer Landschaft. Er ist wie ein Tal gedacht, auf dessen Sohle sich das Orchesterpodium befindet, umringt von nach allen Seiten hin aufstrebenden „Weinbergen". Die Decke, zu der diese Weinberge hinaufstreben – Scharoun nennt sie „Himmelschaft" – wirkt wie ein riesiges Zeltdach. 22 Meter hoch über dem Podium schwebend, gleitet sie in drei Schwüngen zu den Außenwänden herab, wundersame Entsprechung zwischen „Außen" und „Innen", die der Betrachter des Gebäudes, der den Saal nicht kennt, nur erahnen kann.

Die Anordnung der „Weinberge" (Blöcke) ist leicht überschaubar. Vor dem Orchester befinden sich, symmetrisch angeordnet, drei von einander getrennte Blöcke (A, B und C); oberhalb von Block C, nach beiden Seiten zur Decke strebend, liegen die Blöcke D, rechts und links. Diesen konventionellen Blöcken gegenüber, also hinter dem Orchester, sind, ebenfalls symmetrisch konzipiert, ansteigend die Blöcke H und K angeordnet, von denen aus der Zuhörer den Dirigenten und seine Zeichengebung beobachten kann. Auf den Blöcken A – D können rd. 1300 Zuhörer Platz nehmen. Der Fassungsraum der Blöcke H und K ist weitaus geringer; rd. 300 Personen sitzen hinter dem Orchester; zu ihnen gesellen sich rd. 200 meist jüngere Musikfreunde, die bei reinen Orchesterkonzerten auf den Chorbänken Platz finden. Die strenge Symmetrie dieser sich konfrontierenden Blöcke wird durch die Seitenblöcke (E, F und G) aufgelockert. Ihre Bestimmung: ein Element dramatischer Spannung in den Raum hineinzutragen. Scharoun gelingt dies in doppelter Weise. Einmal führt er die unteren Seitenblocks (E) fast über das Podium hinaus, wodurch ein besonderer Bewegungsakzent erzielt wird. Dann aber gestaltet er den obersten Block (G rechts und links) asymmetrisch, fügt links besondere Räumlichkeiten (Ehrenloge und Versehrtenloge) sowie einen herausragenden Turmpodest ein, während auf der rechten Seite neben einem zusätzlichen, kleineren „Weinberg" (Sonderplätze G rechts) die große von Schuke gebaute Orgel mit 84 Registern einen beherrschenden Platz einnimmt. So erhält der Saal spannungsgeladene Lebendigkeit, ohne jedoch jene herrliche Ausgewogenheit und gleichgewichtige Ruhe zu verlieren, die ihm die in großer Überzahl symmetrisch geordneten Blöcke verleihen. Kein Zuhörer kann sich einem Gefühl formgebender Einheit entziehen, symmetrische und asymmetrische Blöcke bilden ein einheitliches Ganzes, ähnlich einer Komposition, in der sich tonale und dissonante Klänge sinnvoll ergänzen und zu einem Meisterwerk verschmelzen.

Der Ausgewogenheit der Saalkonstruktion entspricht eine ausgewogene, sparsame Verwendung der Farben. (Beratung: Lou Scheper-Berkenkamp) Gold-Gelb (für die Bestuhlung, Fußboden und Treppen) dominiert, dazu dunkel-braun für die hochgelegenen Seitenwände aus Kamabala-Holz, während die Brüstungen zwischen den Blöcken wie auch die Podiumswände den grauweißen Ton des Jurakalksteins aufweisen. Die übrigen Flächen sind in mattem Weiß gehalten, die riesige hellgetönte Zeltdecke, Trägerin von 55 über dem Podium schwebenden Lampen sowie aus akustischen Gründen angebrachten wolkenartigen Reflektoren (10), bleibt in dieser Farbenkombination fast neutral. – Der Saal hat eine Kapazität von ca. 2300 Plätzen. Dank der „Weinberge" befinden sich die am weitesten entfernten Plätze nur 30 Meter vom Podium, dies bei einer Gesamtausdehnung in der Symmetrieachse von 60 Metern und in der Querachse von 55 Metern. Somit verliert kein Zuhörer Kontakt mit dem Podium, nimmt stets Anteil am Musikgeschehen. Die Philharmonie ist riesig und intim zugleich.

Scharoun hat oftmals dazu aufgefordert, seinen Saal zu „erwandern" und hierfür (nicht immer zur Freude des Veranstalters) Möglichkeiten geschaffen. Es ist leicht, vom unteren Block A hinauf zu den Blöcken B und C und dann hinüber über die Seitenblöcke E, F und G, am links oben gelegenen Turmpodest vorbeigehend, die hinter dem Podium liegenden Blöcke H und K zu erreichen, wo die „Wanderung" ein Ende findet, da die Orgelfront nicht passierbar ist. Wer die geringe Mühe nicht scheut, wird reich belohnt. Wo immer sich der Besucher befindet, stets erhält er neue faszinierende Blicke auf den Saal, der tausend Gesichter zu haben scheint, dessen überwältigende Dynamik sich erst dem „Wandernden" erschließt, der – Scharoun weist darauf hin – genau wie eine Komposition miterlebt werden muß. Als bei der Eröffnung der Philharmonie Photographen erschienen, glaubten sie, in der üblichen Zeit ihr Werk tun zu können. Schnell erkannten sie, daß sie Stunden, Tage brauchen würden, um all die architektonischen Schönheiten dieses Baus einzufangen, um der fast grenzenlosen Phantasie des Erbauers gerecht zu werden, die sich in kaum aufzählbaren Einzelheiten widerspiegelt. Wo immer man geht oder steht, mit jedem Schritt verändert sich das Bild; dies gilt nicht nur für den Saal, der sich wegen seiner besonderen Form niemals ganz auf einer Photographie oder einem Bild festhalten läßt, sondern von jeder, auch noch so kleinen, von Scharoun gestalteten Räumlichkeit. Wann hat es in unserer kalt-nüchternen Zeit ein solches, fast bestürzendes „Raum-Erleben", eine solche bauliche Vielfalt gegeben?

Scharoun selbst bezeichnet es als einen Glücksfall im Schaffen eines Architekten, wenn der realisierte Bau, wie im Falle der Philharmonie, der ursprünglichen Konzeption entspricht. Dieser „Glücksfall“ geht so weit, daß ein verständnisvoller Bauherr seinem Architekten in jeder Hinsicht freie Hand ließ und ihn auch mit der Einrichtung des Hauses in allen Einzelheiten beauftragte. Jeder Tisch, jeder Stuhl, jede Lampe und vieles mehr – auch in den Räumen der Verwaltung – ist von Scharoun selbst entworfen worden.

Ein Gleiches gilt von dem „Signum“ der Philharmonie, dem dreifach ineinander gezeichneten Pentagramm. Auf der linken Seite hoch oben an einer matt rosafarbenen, sich zum Saal neigenden Wand angebracht, allen Besuchern deutlich erkennbar, versinnbildlicht es den Einklang von Raum, Musik und Mensch, weist auf das zwingende Zusammenwirken dieser drei in einer vor Scharoun nicht gekannten Weise hin. Warum wählte Scharoun das Fünfeck? Es war das Symbolzeichen der mittelalterlichen Steinmetzgenossenschaften, jener sich vornehmlich dem Kirchenbau widmenden Bauhütte, deren Mitglieder zur Geheimhaltung ihrer niemals niedergeschriebenen, von Mund zu Mund überlieferten Kunstregeln verpflichtet waren. Ihr „Geheimnis“, das sich von Generation zu Generation vererbte, bestand in dem Streben nach einer Synthese von Form und Phantasie, in der Erkenntnis, daß sich Notwendig-Strukturelles mit dem Menschlich-Individuellen verbinden, das rein Rationelle sich dem Geheimnisvoll-Irrationellen zugesellen muß, daß es Gesetz ohne Freiheit, wie auch Freiheit ohne Gesetz nicht geben kann, wenn Meisterliches entstehen soll. Das Viereck mit seinen gleichförmigen Maßen ist Ausdruck formaler Strenge, bleibt der ratio verhaftet, wirkt eintönig, ohne „Geheimnis“, wie dies bei der rechtschaffen viereckig gegliederten alten Philharmonie der Fall war. Zum Viereck muß eine weitere Einheit hinzukommen, die nicht berechenbar, nicht rationell erklärbar ist, die Einheit der „humanitas“, des Menschlich-Erfüllten, der menschlichen Phantasie. Sie bleibt, mag man auch noch soviel analysieren, deuten, vergleichen, ein Geheimnis, Rätsel, Gnade. „Wenn Ihr's nicht fühlt, Ihr werdet's nicht erjagen.“ – Von dieser fünften Einheit zeugt die Philharmonie, in die Scharoun seinen Phantasiereichtum im Übermaß „hineingeheimnist“ hat; daher ihr Bauzeichen, das dreimal ineinander gefügte Fünfeck, das seit Anbeginn im ganzen philharmonischen Bereich verwendet wird.

Aus der Geschichte der Philharmonie

Ursprünglich sollte die Philharmonie erst im Frühjahr 1964 eingeweiht werden. Trotz erheblicher Bedenken des Baustabes wurde der Eröffnungstermin auf den 15. Oktober 1963 vorverlegt, um eine reguläre Spielzeit mit den im Herbst beginnenden Abonnementskonzerten zu ermöglichen. Lange Zeit war dieses Datum trotz zahlreicher Nachtschichten in Frage gestellt, dann großes Aufatmen, als die Putzfrauen wenige Stunden vor der ersten Probe ihre Arbeit beendeten. Karajan prüfte zuerst jedes Instrument allein, dann einzelne Gruppen und am 13. Oktober das ganze Orchester. Tagsdarauf fand eine öffentliche Genralprobe statt, zu der die Mitglieder der „Gesellschaft der Freunde der Philharmonie“ sowie alle am Bau Beteiligten eingeladen waren. Ihnen sollte auf diese Weise für ihre außerordentlichen Leistungen und Verdienste gedankt werden. Gleichzeitig ergab sich für Karajan und sein Orchester eine willkommene Gelegenheit, die Akustik in einem vollbesetzten Hause zu erproben. Der 15. Oktober begann mit einem Festakt, auf dessen Gestaltung der Senator für Wissenschaft und Kunst, Dr. Adolf Arndt, maßgeblichen Einfluss nahm. Arndt selbst hielt die Festrede, eine für alle Teilnehmer unvergeßliche Meisterleistung, in der er von höchster geistiger Warte aus das Außergewöhnliche der Schöpfung Scharouns pries und ihm huldigend zurief: „Das ist Ihr Tag, Hans Scharoun, Baumeister der Philharmonie. . . . Das ist der Tag unseres Dankes aus glücklichem Herzen . . .“ Minutenlang stimmten alle in diese Huldigung ein, und wohl niemand wird diesen Tag vergessen, auf den Scharoun fast ein Leben lang hat warten müssen, in dem es an manch‘ Bitternis und tiefen Enttäuschungen nicht gefehlt hat. – Das Programm des Festaktes enthielt neben der Schlüsselübergabe durch Scharoun an den Intendanten des Berliner Philharmonischen Orchesters zum Abschluß eine Aufführung der dritten „Leonoren“ Ouvertüre. Zuvor wurde auf besonderen Wunsch Senator Arndts der zweite Satz des „Kaiserquartetts“ von Haydn mit seiner Deutschlandlied-Melodie gespielt. Dieser Wunsch von Arndt führte zu der besorgten Frage an den akustischen Berater, ob er glaube, daß Kammermusik im Hinblick auf die noch ungewohnt großen Ausmaße der Philharmonie erfolgreich zum Klingen gebracht werden könne. Interessanterweise wußte es der Berater auch nicht. Aber schon nach den ersten Takten stand fest, daß das neue Haus auch ein Kammermusiksaal par excellence war.

Dann am Abend die festliche Eröffnung mit Beethovens „Neunter Symphonie“. Welch‘ anderes Werk hätte gewählt werden können für diesen, das „Mitmenschliche“, „Brüderliche“ versinnbildlichenden Saal. – Anschließend die

„Einweihung" des Foyers mit einem großen Empfang zu Ehren Scharouns, zugleich einmalig-glanzvoller Abschluß der Berliner Festwochen, 1963.

Die neue Philharmonie war vom Anbeginn nicht nur ein Erfolg, sondern auch eine Sensation. Es gab einen „run" auf die Kassen, der Jahre hindurch anhielt. Jeder wollte das neue Haus sehen, wobei bei vielen das Interesse an der gespielten Musik deutlich zurücktrat. Ohne große Schwierigkeiten fanden sich die Besucher zurecht, saßen pünktlich auf ihren Plätzen, und es gab auch anfänglich trotz der Kompliziertheit der Zugänge (die Philharmonie hat 27 sogenannte Schleusen) keine Pannen. Natürlich bemächtigte sich auch der Berliner Witz der Philharmonie: Zirkus Karajani wurde das Haus, sicherlich auf Grund der zeltartigen Konstruktion genannt, warum auch nicht? Aber dieser Spitzname, den Scharoun sicherlich gelassen hingenommen hat, setzte sich nicht durch. Vor dem Einmaligen hat auch der Berliner Respekt.

Rasch wurde die Philharmonie Mittelpunkt des Berliner Musiklebens, obwohl das Gebäude nicht in der eigentlichen City und überdies nicht sehr verkehrsgünstig liegt. Die großen Chöre verlegten ihre Konzerte in das neue Haus, bald hielt der „Jazz" seinen Einzug, die Zahl der Fremdveranstaltungen, bei denen die Philharmonie an andere Organisationen vermietet wird, wuchs von Jahr zu Jahr und beträgt zur Zeit über 200. Auswärtige Orchester, größere und kleinere Kammerensembles, die großen Pianisten, Geiger, Cellisten, Sänger und Sängerinnen konzertieren nunmehr regelmäg in der Philharmonie, ein Gleiches gilt von fast allen Chansonsängern und Sängerinnen, die häufig zu Gast sind. Das alljährlich vom Senat subventionierte „Jazz-Festival", ein Teil der Berliner Festwochen, findet schon fast traditionsgemäß in der Philharmonie statt. Als einmal aus Termingründen versucht wurde, es woanders hin zu verlegen, erklärten maßgebliche Jazz-Ensembles, sie würden in einem solchen Fall auf die Teilnahme verzichten; für sie käme nur die Philharmonie in Frage. Ob Karajan oder Becaud, Serkin oder Dave Brubeck – sie sind alle in der Philharmonie zuhause, kommen mit dem Saal sogleich zurecht, wie dies einmal bei Sammy Davis Jr. der Fall war, der, ohne den Saal überhaupt zu kennen, bei einem Wohltätigkeitsabend das ihn umgebende Publikum sofort in die Hand bekam.

Hat sich Scharouns Idee von der „Musik in der Mitte" bewährt? Nach fast anderthalb Jahrzehnten praktischer Erfahrung darf man diese Frage emphatisch bejahen. Es stört keineswegs oder lenkt vom Kunstgenuß ab, wie anfangs von vielen befürchtet wurde, wenn man – dies ist bei allen Plätzen der Fall – neben den Musikausübenden hunderte, von den Blöcken H und K sogar mehr als tausend oftmals bunt gekleidete Zuhörer sieht. Man hat sich nicht nur an diesen Anblick gewöhnt, man wünscht ihn, fühlt sich noch stärker verbunden mit Menschen, die sich aus gleichem Anlaß zusammengefunden haben und dank der Blockeinteilung eine geschlossene „demokratische" Gemeinschaft ohne Rangordnung bilden. Dieses Gemeinschaftserlebnis, das kein Radio, kein Fernsehen selbst bei noch größerer technischer Vervollkommnung ersetzen kann, erreicht in Scharouns Philharmonie durch das optische „Gegenüber" und „Miteinander", durch die sinnvolle Sitzanordnung, die trotz Wahrung der Individualität des Zuhörers das Zusammengehörigkeitsgefühl noch verstärkt, einen zuvor nicht gekannten Intensitätsgrad. Hinzu kommt die unmittelbare Nachbarschaft zwischen Musikausübenden und Musikhörenden. Fast weiß man nicht, wo der Saal aufhört und das Podium beginnt, wo der Raum der Musiker endet und der der Zuhörer beginnt. Dieses „Einssein" verleiht dem Saal eine außerordentliche, überall spürbare Präsenz, zwingt jeden im Saal Anwesenden zur höchsten Konzentration (mit der unvermeidlichen Folge, daß unkonzentriertes Verhalten, mag es auch nur von einem Zuhörer herrühren, alle anderen empfindlich stört), gibt der Musik zusätzliche Ausstrahlungskraft, während der Interpret von den ihn umgebenden Zuhörern stärker inspiriert wird, als dies in den meisten konventionellen Sälen der Fall ist.

Aber auch in anderer Hinsicht hat sich Scharouns Konstruktion bewährt. Sie macht es vor allem möglich, Musik aus allen Richtungen erklingen zu lassen. Darum eignet sich der Saal besonders gut für moderne Musik, elektronische Klänge, für alle nur möglichen Effekte, wie sie von den Komponisten unserer Tage benutzt und ständig neu erdacht werden. Die Aufstellung mehrerer Orchestergruppen, wie sie heute oft verlangt wird, läßt sich gut bewerkstelligen. Scharoun hat selbst eine eigene „Stereophonie" eingebaut. Zur Linken gibt es das bereits erwähnte Turmpodest, das auch für Fernchöre und Fernorchester gedacht ist. Weiterhin kann man auf der rechten Seite den obersten kleinen „Weinberg" (G rechts, Sondersitze) nach Entfernung der dort angebrachten Sitze für den gleichen Zweck gebrauchen. Auf der Gegenseite befinden sich dicht unter der Decke ebenfalls Möglichkeiten zur Postierung zusätzlicher Musiker. Klassisches Beispiel ist Hector Berlioz' „Requiem", das zur Aufführung in einer Kirche mit mehreren Emporen bestimmt war. Zweimal wurde dieses gewaltige Werk mit seinen vier Extra-Blech-Ensembles vom Berliner Philharmonischen Orchester gespielt. Wohl niemand wird die gewaltigen, an das Jüngste Gericht gemahnenden Augenblicke vergessen, als die Musik, von allen Richtungen ertönend, sich fast wie ein Naturereignis über die Zuhörer entlud. – Ein anderes Beispiel aus der Moderne: In der „Lukas-Passion" von Penderecki sind drei verschiedene, voneinander getrennte Chöre vorgeschrieben. Bei der Aufführung in der Philharmonie wurden für zwei der Chöre die beiden Seitenblöcke E benutzt. Auch hier gelang es, das vom Komponisten gewünschte, sich aus dem Text ergebende „Gegenüber" der Chöre zu realisieren und damit dem Werk einen besonders nachhaltigen Erfolg zu sichern. Penderecki erklärte später, daß die Aufführung in der Philharmonie seine beste gewesen sei, schon wegen der von ihm als ideal empfundenen Anordnung der Chöre. – In besonderer Erinnerung der Knabenchor in Brittens „War-Requiem" auf dem Turmpodest der linken Saalseite, vorbildlich die Wiedergabe von „Turmmusiken" aus alter Zeit, wie sie nur in der Philharmonie möglich sind. Last, but not least, die „Blacher-Fanfaren", die eigens für die Eröffnung des Hauses komponiert, von allen Seiten ertönten, um den neuartigen Konzertsaal triumphal anzukündigen.

Demgegenüber das Erlebnis eines einzigen Instruments. Unvergeßlich ein Rezital von Yehudi Menuhin, der lediglich Werke für Solo-Violine vortrug. Wie seine Geige den ganzen Raum erfüllte, beseelte (bei ihm möchte man auch auf die Gefahr hin, als altmodisch-sentimental zu gelten, dieses Wort benutzen), machte den Saal zu einem kammermusikalischen Ereignis. Ein Gleiches gilt – denkt man an Konzerte aus letzter Zeit – von dem Duo Perlman-Zukerman (Violine und Viola), dessen herrliches Zusammenspiel in einer bis auf den letzten Platz besetzten Philharmonie intim-vertraulich wirkte, von dem Klavier-Rezital des ganz in sich gekehrten Radu Lupu, dessen zartestes Pianissimo in dem gewaltigen Saal niemals zu einem Problem wurde.

Die Philharmonie ist wohl der einzige Konzertsaal, in dem seit mehr als 14 Jahren Führungen veranstaltet werden, vor allem für Besucher, die aus Zeitgründen an einem Konzert nicht teilnehmen können. Aber auch zahlreiche Musikexperten, Architekten, Akustiker kommen, um den Saal zu studieren. Wo immer ein neuer Konzertsaal gebaut werden soll, erhofft man sich Anregungen von der Philharmonie. Die meisten dieser Besucher erkennen, des Lobes voll, daß es nicht möglich ist, eine zweite Philharmonie zu bauen und Scharouns Konzeption zu wiederholen. Wie schon Senator Arndt in seiner Eröffnungsrede 1963 sagte: „Es gibt nur eine Philharmonie, Phantasie duldet keine Vervielfältigung, es wird nur eine Philharmonie geben, die zu Berlin".

Daß die Philharmonie, wie übrigens jedes Haus, auch durch gewisse Kinderkrankheiten gehen mußte, sei keineswegs verschwiegen. Daß sie von einigen wenigen prominenten Musikern abgelehnt wurde, ist bekannt. In der Berliner Presse wurde die Entscheidung des Preisgerichtes zugunsten von Scharoun nicht einstimmig begrüßt. Ein bedeutender Musikkritiker opponierte von

Anfang an gegen die Abschaffung der Trennung, konnte sich auch mit dem fertiggestellten Saal nicht abfinden und verließ Berlin kurze Zeit nach Eröffnung des Hauses. Paul Hindemith gehörte ebenfalls zu den Gegnern. Ihm, dem Komponisten, bedeutete der von Scharoun in den Mittelpunkt gestellte Interpret eine unzulässige Verschiebung der Gewichte. Es gab aber auch Dirigenten, die Einspruch erhoben. Knappertsbusch, der eine Verpflichtung, die Berliner Philharmoniker während der ersten Spielzeit im neuen Hause zu dirigieren, angenommen hatte, sagte ab mit der Begründung, es sei ihm unerträglich, einen Teil des Publikums vor sich zu haben. Klemperer kam zwar zur Philharmonie, dirigierte aber doch mit einem gewissen Mißbehagen und war insbesondere vom Foyer wenig angetan. George Szell, der mehrfach im neuen Haus dirigierte, anerkannte die Schönheit des Saales (ohne damit das Wesentliche über ihn auszusagen), nannte ihn aber dennoch eine „Mißgeburt".

Dieses harte Urteil begründete Szell vor allem damit, daß eine gleichmäßige Akustik weder gewährleistet noch angestrebt worden sei. Szell, Perfektionist in allen Belangen, wies darauf hin, daß die Zuhörer hinter dem Orchester trotz der weinbergartigen Erhöhung der Sitze das Orchester anders hören, als die Zuhörer mit konventionellen Sitzen. Gleiches gelte auch von den seitlichen Plätzen, so daß man – und das erboste ihn besonders – von vornherein mehrere Akustiken in Kauf genommen habe.

Szells Einwände sind beachtlich und geben Anlaß, auf die wichtige Frage der Akustik näher einzugehen. Es bedarf keiner besonderen Erläuterung im einzelnen, daß die Orchesterinstrumente nicht samt und sonders die gleiche Klangrichtung besitzen, auch daß sie in ihrer Lautstärke verschiedenartig sind. Das Orchester befindet sich nunmehr, wenn auch nicht in der mathematischen Mitte des Saales, so doch in einer zentralen Position; die Orchesteraufstellung hat sich aber im wesentlichen nicht geändert und kann sich auch nicht ändern. Die „lauten" Instrumente, vor allem Pauken und Schlagzeug, sind nach wie vor „hinten" postiert, ohne daß es ein echtes „hinten" gibt. Wer also hinter dem Orchester nicht allzuweit von der Pauke entfernt sitzt, wird diese anders, stärker hören, als die konventionell sitzenden Zuhörer. Nun helfen unstreitig die zahlreichen „Reflektoren", die über dem Orchester angebracht sind, um den Klang gleichmäßig zu verteilen. Aber man kann von ihnen in ihrer gegenwärtigen Größe und Zahl keine Wunderwirkung erwarten. Dennoch sind die Blöcke H und K keineswegs unbeliebt, wenn es auch, vor allem bei Liederabenden und nicht ausverkauften Veranstaltungen, einen „grenzüberschreitenden" Verkehr gibt, bei dem freigebliebene, konventionelle Sitze durch Besucher von der „anderen" Seite benutzt werden. Auch die zahlreichen Studenten, die dicht hinter dem Orchester auf den Chorbänken sitzen, „äugen“ recht gerne leere Sitze in den gegenüberliegenden Blöcken A und B, die sie sobald wie möglich einnehmen.

Was die Akustik selbst anbetrifft, so ist vor allem auf die Nachhallzeit von etwas über 2 Sekunden zu verweisen, die bei Professor Cremer sozusagen in Auftrag gegeben und dank seiner hervorragenden Arbeit auch erzielt wurde. Sie entspricht der der alten Philharmonie, die für ihre gute Akustik berühmt war, wenn es auch dort, was man nicht vergessen sollte, Plätze gab, die akustisch weniger begünstigt waren. Trotz der erreichten Nachhallzeit und anderer akustisch bedeutsamer Maßnahmen stellte es sich aber schnell heraus, daß die Streicher im neuen Saal etwas matt klangen, während die Bläser wesentlich besser, die Holzbläser sogar ideal abschnitten. Plötzlich mußte der Dirigent die Holzbläser dämpfen, um die Streicher mehr herauszubringen. Bald hieß es, daß die großartigen Streicher der Berliner Philharmoniker nicht mehr zu hören seien, wenn auch nur eine Oboe Mezzoforte spiele! Natürlich eine Übertreibung, aber doch bestand ein akustisches Manko, mit dem man sich beschäftigen mußte, zumal es auch aus dem Zeitungswald recht negativ herausschallte. Experten, unter ihnen der für das Podium akustisch verantwortliche Professor Winkel, traten mit Mitgliedern des Orchesters zusammen, um zu beraten, wie man Abhilfe schaffen könne. Eine rasche erste Lösung bot sich an: es war bekannt, daß die Geiger, wenn sie standen, einen intensiveren Ton als beim Sitzen erzeugten. Scharouns „Talsohle“ war offenbar etwas zu tief geraten und mußte angehoben werden. Wohl gab es gegen diese Lösung Widerstände (nicht von Scharoun); doch das Orchester bestand auf der Erhöhung des Podiums, die während der Sommerpause 1964 vorgenommen wurde. Das akustische Ergebnis war durchaus befriedigend. Vor allem klangen die Streicher besser und waren gegenüber den Bläsern nicht mehr zu sehr benachteiligt. Alsbald verstummten die Presseangriffe, und die Akustik wurde kaum mehr in Zweifel gezogen. Fast gab es nur noch positive Stimmen, besonders auswärtige Gäste äußerten sich begeistert, die Mitglieder der zahlreichen Gastorchester hoben lobend hervor, wie gut es sich auf dem Podium der Philharmonie spiele; kurzum: Zufriedenheit breitete sich aus, man hörte sich, wie dies immer geschieht, in den Saal hinein, der mit der Zeit immer schöner, wärmer klang oder zu klingen schien.

Nur Karajan und wenige andere waren noch nicht ganz glücklich. Wenn die Philharmoniker auf Reisen gingen, gab es Säle, in denen ihre Streicher, vor allem die tieferen, satter, wärmer erklangen. Jahrelang dachte Karajan über mögliche Verbesserungen nach, beriet sich mit Akustikern, die nicht am Bau beteiligt waren, wobei völlige Einigkeit herrschte, daß keine einschneidenden, Scharouns Werk beeinträchtigenden Veränderungen in Betracht kämen. Schließlich kam der Zufall zu Hilfe. Als Fernsehaufnahmen erstmalig in der Philharmonie stattfanden, wünschte der Regisseur aus bildlichen Gründen für die Orchestermitglieder einen besonderen, amphitheatralischen Podiumsaufbau. Die produzierende Gesellschaft stellte zu diesem Zweck mit einfachsten Mitteln ein halbkreisförmiges, ansteigendes Podium her, das bis zu 120 Musikern Platz gewährte und sich leicht auf- und abbauen ließ. Die ersten Streicherpulte wurden auf der untersten Stufe um den Dirigenten herum aufgebaut, jedes weitere Pult erhielt eine höhere Stufe mit der Folge, daß die letzten Pulte sich auf ansehnlicher, zu den Seitenblocks aufstrebender Höhe befanden. In ähnlicher Weise wurden Bläser, Pauken und Schlagzeug plaziert. Der akustische Eindruck war verblüffend. Vor allem klangen die Streicher intensiver, die überall berühmten Cello- und Baßgruppen der Berliner Philharmoniker kamen zu ihrem Recht, und die aus alten Zeiten gewohnte klangliche Balance zwischen Streichern und Bläsern war wieder hergestellt. Daher überraschte es nicht sonderlich, daß Karajan eines Tages die filmische Notkonstruktion stehen ließ und sie auch für öffentliche Konzerte benutzte. Seltsamerweise wurde das neue „Karajan-Podium“ anfänglich nicht von allen bemerkt, obwohl es selbstverständlich keinen ästhetisch befriedigenden Eindruck bieten konnte.Erst später gab es Proteste. Doch Karajan ließ sich nicht beirren; er bestand für seine Konzerte auf dem „Film-Podium“, das mehr als ein Jahr lang für ihn aufgebaut und dann wieder entfernt wurde, nicht etwa, weil er seinen gastierenden Dirigierkollegen „sein“ Podium nicht gegönnt hätte, sondern weil dieses für eine Dauerbenutzung einfach nicht stabil genug war.

Auch in dieser nicht ganz einfachen Situation bewährte sich das philharmonische Glück. Hinweise Karajans, Darlegungen von akustischen Experten, ein eingehend begründeter Antrag des Intendanten fanden beim zuständigen Bausenator aktives Verständnis. Scharouns engster Philharmonie-Mitarbeiter, Edgar Wisniewski, wurde beauftragt, ein Podium zu entwerfen, das die gewonnene Erkenntnis berücksichtigte, dem Orchester eine amphitheatralische Aufstellung ermöglichte, ohne jedoch Scharouns Meisterwerk in seiner Konzeption zu verändern. Wiesniewski entledigte sich seines Auftrages mit außerordentlichem Geschick. Ein großzügiger Finanzsenator ermöglichte entgegen den ersten Überlegungen, die lediglich ein starres, nur teilweise veränderbares, aufsteigendes Podium vorsahen, eine bewegliche Handhabung der verschiedenen Stufen. Mit Hilfe einer tüchtigen Berliner Firma wurde im Sommer 1975 während der Spielpause (unter Hinzunahme einiger Extratage im Herbst) das neue Podium der Philharmonie gebaut, das nunmehr alle denkbaren Kombinationen gestattet. Während das Berliner Philharmonische Orchester bei Normalbesetzungen stets das stufenförmige Podium benutzen wird, können bei anderen Veranstaltungen je nach Wunsch Stufen ganz oder zum Teil eingezogen werden. Ein solches bewegliches Podium, dessen große Vorteile keiner besonderen Erläuterung bedürfen, war schon vor Baubeginn vorgesehen gewesen, aber aus finanziellen Gründen nicht erstellt worden. Dank allen beteiligten Senatsstellen, die es ermöglichten, das Versäumte nachzuholen, verbunden mit der Hoffnung, daß dies auch bei anderen „Versäumnissen" der Fall sein möge. Karajan, mit „seinem" Podium überglücklich, hat in jüngster Zeit wiederholt erklärt, daß für ihn nunmehr die Philharmonie der Saal sei, in dem er am liebsten dirigiere.

Aus der Geschichte des Berliner Philharmonischen Orchesters

Ein „verwegener" Entschluß

Berlin 1882. Mehr als ein Jahrzehnt ist seit der Gründung des Deutschen Reiches vergangen. In der jungen Reichshauptstadt fiebert es, Wachstumsschmerzen überall, die Bedeutung Berlins nimmt sprunghaft zu, Ansehen und Autorität des Fürsten Bismarck, der Berliner Kongreß im Jahr 1878, rücken die Wilhelmstraße in den Mittelpunkt der Weltpolitik, auf allen Gebieten geht es machtvoll vorwärts, bald wird Berlin mehr als eine Million Einwohner zählen, die Stadt ist in Bewegung geraten.

Hält die Musikstadt Berlin mit? Rückt auch sie in den Vordergrund? Vermag sie den Ruhm zu erneuern, der einstmals mit den Namen Friedrich des Großen, des Prinzen Louis Ferdinand, mit dem Wirken Zelters und Mendelssohns im Dienste der Wiederentdeckung Bachs, aber auch mit der Berufung des weltberühmten Spontini an die Königliche Oper verknüpft war? Ein Blick auf das Musikleben der beginnenden 80er Jahre des vorigen Jahrhunderts stimmt nicht gerade optimistisch. Der große Pluspunkt: Joseph Joachim, Direktor der königlich akademischen Hochschule für Musik, Vizepräsident und Kapellmeister der Akademie der Künste, und vor allem Solist und Leiter des nach ihm benannten Quartetts, ihn darf man als „rocher de bronze" des Berliner Musiklebens bezeichnen. Weniger Günstiges läßt sich jedoch von der Oper sagen, dem „Zirkus Hülsen", wie sie einmal von Bülow genannt wurde, dem späterhin prompt von einem Nachfolger Hülsens der Eintritt in das Opernhaus verweigert wurde! In der Oper beschränkte man sich im wesentlichen auf Routine-Vorstellungen, und ein Gleiches läßt sich von den nicht sehr zahlreichen Sinfonie-Konzerten sagen, die von dem „vornehmen" Publikum besucht wurden. Die Programme dieser Konzerte enthielten kaum neue Musik, die Darbietung der gespielten Werke blieb in der Regel an der Oberfläche. Wer zeitgenössische Musik hören wollte, begab sich zu den Konzerten der Bilse-Kapelle. Benjamin Bilse, „Musik-Feldwebel" aus Liegnitz, wie er bisweilen genannt wurde, veranstaltete seit 1868 Konzerte in Berlin und war in einer Person Veranstalter, Arbeitgeber der Musiker und Dirigent. Die Konzerte fanden im „Berliner Concerthaus" in der Leipzigerstraße statt, das später einem Warenhaus Platz machen mußte. Bilse war ein glühender Verehrer von Richard Wagner, interessierte sich überhaupt für alles „Moderne", führte neben Wagner Kompositionen von Liszt, Schumann, Tschaikovsky und anderen „Neutönern" auf und hat in seiner Weise sich um das Berliner Musikleben verdient gemacht. Nicht zu Unrecht erhielt er den Titel: „Königlicher Musikdirektor". Aber der viel beschäftigte Mann konnte hochklassige Interpretationen nicht bieten. Schon der wöchentliche Konzertplan ließ dies erkennen: Man stelle sich vor: jeden Montag fanden Wagner-Konzerte statt, der Dienstag war der klassischen Musik vorbehalten, am Mittwoch wurden Chor- und Gesangskonzerte abgehalten, Donnerstag wurde – getanzt, der Freitag war für Ur- und Erstaufführungen reserviert, während der Sonnabend verständlicherweise der leichten Muse gewidmet wurde. Bilses Konzerte erfreuten sich großer Popularität, man traf sich dort, saß an Tischen, wo Kaffee und Bier serviert wurde, machte Bekanntschaften, so daß die Konzerte bald „Verlobungskonzerte" genannt wurden. Es gab aber auch sogenannte Hofkonzerte, bei denen sämtliche im oberen Geschoß befindliche Logen, die durch schwere Vorhänge abgeschlossen werden konnten, für den kaiserlichen Hof reserviert blieben. Mehr als 6000 Konzerte hat diese Bilse-Kapelle gespielt, eine erstaunliche Leistung für ein Unternehmen, das ausschließlich der Privatinitiative entstammte. Richard Wagner selbst hat mehrfach die Kapelle dirigiert, deren 60 Stammitglieder bis auf 150 erhöht werden konnten. Man mag heute ein wenig über Bilse und seinen „Betrieb" lächeln, er war ein echter Musikenthusiast, interessiert an der Kunst seiner Zeit, für die er, wenn auch mit oft unzureichenden Mitteln, mehr getan hat, als manch angesehener Berliner Musiker jener Zeit.

In dieses Milieu musikalischer Mittelmäßigkeit, wie es sich die Reichshauptstadt glaubte, erlauben zu können, fuhr wie ein Donnerschlag das Gastspiel der nur aus 48 Mitgliedern bestehenden Meininger Kapelle unter Hans von Bülow, das Anfang 1882 in der Singakademie stattfand. Auf dem Programm standen Werke von Beethoven, Mendelssohn und Brahms, der selbst als Solist seines zweiten Klavierkonzerts wie auch als Dirigent für Bülow mitwirkte, der seinerseits Brahms' erstes Klavierkonzert vortrug. Das Orchester, dessen Mitglieder stehend spielten, hinterließ dank seiner glänzenden, von großartiger Schulung zeugenden Ensembleleistung bei Publikum und Presse einen gewaltigen Eindruck. So hieß es im „Berliner Courier" vom 5. 1. 1882 u. a.:

„Das Innerste dieser Kunstwerke wird uns durch eine Ausführung wie die gestrige enthüllt; ihr ganzes Wesen wird in eine andere Beleuchtung gerückt, und überall entdecken wir Schönheiten, Eigentümlichkeiten, die wir bisher nicht kannten . . .". Die „Post" erklärt, daß die Ausführung der gehörten Orchesterstücke als Maßstab für alle folgenden gelten wird, und der Kritiker der „Berliner Zeitung" (6. 1. 1882) schreibt: „Vielleicht gibt dieser Erfolg gewissen Kreisen Veranlassung, dem großen Dirigenten ein anderes Pult anzuweisen wie in Meiningen. Wir brauchen uns wohl nicht erst deutlicher auszudrücken."

Diese drei Pressestimmen genügen, um von einer Art Signalwirkung zu sprechen, die Bülows Gastspiel in Berlin auslöste. Außergewöhnliches hatte sich ereignet. Der Boden für Neuerungen war vorbereitet, und es bedurfte nur noch eines äußerlichen Anlasses, um den Funken überspringen zu lassen. Schon wenige Monate später kam es zum Bruch in der Bilse-Kapelle. Über 50 Mitglieder der Kapelle rebellierten, als Bilse, der mit jedem einzelnen Musiker einen persönlichen Vertrag abzuschließen pflegte, für eine längere Konzertperiode in Warschau Bahnfahrt vierter Klasse und ein unverhältnismäßig niedriges Gehalt ansetzte. Es gab Proteste, man wollte verhandeln, aber der streng patriarchalische, sparsame Bilse ließ nicht mit sich reden, sagte die Reise kurzerhand ab und machte sich daran, ein neues Orchester aufzubauen, mit dem er noch zwei Jahre nach dem Bruch konzertierte, bevor er sich in seinen Heimatort zurückzog. Auch nach seinem Weggang blieb übrigens das Bilse-Orchester unter der Leitung anderer Dirigenten bestehen, bis schließlich 1900 das Concerthaus in der Leipzigerstraße seine Pforten schloß.

Die „Meuterer", nunmehr auf sich gestellt, aber gaben nicht auf. Der große Augenblick fand kein schwaches Geschlecht. Man blieb zusammen, gründete ein eigenes Orchester, beschloß, sich selbst zu regieren und zu verwalten, kurzum, es geschah etwas Außergewöhnliches: die Gründung einer Orchesterrepublik! Ein „verwegener" Schritt! Zu einer Zeit, in der die Monarchie von Gottes Gnaden allgemein akzeptiert wurde, in der der Arbeitnehmer zwar nicht als rechtlos, aber keineswegs als selbständiger Teil im Staate galt, vereinigten sich diese unterbezahlten Musiker – die meisten erhielten weniger als 150 Mark im Monat und mußten sechs Konzerte in der Woche spielen – zu einer Gemeinschaft, nahmen ihr Schicksal in die eigenen Hände, leisteten einen „Rütli-Schwur", indem sie sich vor einem Notar in einer Urkunde zum „gegenseitigen unverbrüchlichen Zusammenhalten" und zur persönlichen Haftung für die Ausgaben des Orchesters verpflichteten. Zur gleichen Zeit wählten sie einen neuen Dirigenten – Ludwig von Brenner. Ein unerhörter Vorgang auch für heutige Begriffe! Wo fänden sich über fünfzig Musiker, die ein so großes finanzielles Risiko eingehen würden, um neben anderen etablierten Orchestern zu bestehen mit dem Ziel, diese zu überflügeln?

Hierzu war in der Tat eine riesige Portion Glück notwendig. Den jungen rebellierenden Musikern – die meisten von ihnen waren jünger als dreißig Jahre, daher wohl auch ihr Wagemut – stand Fortuna zur Seite. Die alte Erfahrung, daß derjenige, der die Zeichen der Zeit erkennt und entsprechend handelt, auch von dieser Zeit getragen wird, bewahrheitete sich bei dem neu gegründeten Orchester. Die Zeit war reif für neue Orchester- und Konzertformen. Bülow hatte gezeigt, was ein verhältnismäßig kleines Orchester zu leisten imstande war; Berlin, die wachsende Hauptstadt, konnte nicht hinter Meiningen zurückbleiben, Qualität mußte Quantität ersetzen. Vielleicht stand dies nicht allen „Rebellen" klar vor Augen, aber der tiefere Grund für die Sezession war weniger Bilses unakzeptables Angebot, sondern das notwendigerweise mittelmäßige Niveau seiner Aufführungen, das dem Niveau der Reichshauptstadt nicht mehr entsprach.

„Wer sich selbst hilft, dem hilft Gott". Zwar taumelte das junge Orchester, das sich bereits im Sommer „Philharmonisches Orchester (vormals Bilsesche Kapelle)" nannte, von einer Krise in die andere, zwar wußte man oftmals nicht (wie dies noch heute bei den privat finanzierten amerikanischen Orchestern nicht selten der Fall ist), ob man noch in der nächsten Spielzeit zusammenbleiben würde, aber immer wieder stellte sich ein Retter in der Not ein.

Unter ihnen ist an erster Stelle Hermann Wolff zu nennen. 1880 hatte er ein Konzertbüro in Berlin eröffnet, das erste seiner Art, nachdem er zuvor die Redaktion der „Neuen Berliner Musikzeitung" geleitet hatte. Wolff, der ursprünglich Musiker werden wollte, sich späterhin jedoch kaufmännisch betätigt hatte, war ein hervorragender Musikkenner mit einem sicheren Instinkt für echte Größe. Sehr bald nahm er sich der rebellierenden Musiker beratend an, fand für sie ein neues Heim, die ehemalige Rollschuhbahn in der Bernburgerstraße, in der am 17. Oktober 1882 (damals hieß der Saal noch „Central Skating Ring") das erste Berliner Konzert unter Leitung Ludwig von Brenners stattfand, dem Frühjahrskonzerte in anderen deutschen Städten vorangegangen waren. Sehr bald ging der Saal in den Besitz von zwei Hermann Wolff gleichgesinnten Unternehmern, P. Landecker und L. Sacerdoti, denen der zweimalige Umbau des Saales, der den Namen „Philharmonie" erhielt, zu danken ist. Peter Landecker nahm Zeit seines Lebens am Philharmonischen Geschehen engagiert teil; sein Haus gehörte bis zu seinem Ableben zu den gesellschaftlichen Mittelpunkten des Berliner Musiklebens.

Die erste Spielzeit 1882/83 brachte bedeutende Erfolge. Von eminenter Wichtigkeit waren vor allem die von Hermann Wolff angeregten repräsentativen „Philharmonischen Konzerte", in denen wesentliche symphonische Werke gespielt wurden. Zum Dirigenten dieser Konzerte wurde der berühmte Dresdner Hofkapellmeister Franz Wüllner auserwählt. Wüllner, an dessen Sohn Ludwig sich noch viele ältere Musikfreunde erinnern werden, war ein Dirigent von Format, der bei Schindler, dem Vertrauten Beethovens, studiert hatte, und dem die Münchener Uraufführungen von „Rheingold“ und „Walküre“, und später die Kölner Uraufführungen des „Till Eulenspiegel“ und des „Don Quichote“ von Richard Strauss zu danken sind. Weiterhin gab es Abonnementskonzerte, von denen Joseph Joachim eines dirigierte, sowie im zweiten Teil der Spielzeit einen von Karl Klindworth geleiteten Konzertzyklus. Selbstverständlich fanden zahlreiche „populäre Konzerte“ statt, auch ließ sich das Orchester von vielen in Berlin ansässigen Chor- und Musikvereinigungen engagieren. – Joseph Joachim gehörte ebenfalls zu den großen Förderern der Philharmoniker. Zusammen mit Hermann Wolff hatte auch er erkannt, wie sehr Berlin ein erstklassiges Orchester als Grundlage für die Musikpflege benötigte. Ihm, dem Leiter der Musikhochschule, schwebte eine enge Verbindung zwischen seinem Institut und dem Orchester vor. Eine entsprechende Eingabe war erfolgreich. Während der Spielzeit 1883/84 standen die Philharmoniker Joachim und seiner Hochschule an drei Abenden jeder Woche für insgesamt 50 Konzerte und 11 Proben zur Verfügung. Joachim erhielt hinsichtlich der eigenen Konzerte des jungen Orchesters eine Art Mitspracherecht. Auf diese Weise gelang es, die unvermeidlichen finanziellen Probleme, die sich von Anfang an immer wieder einstellten, einigermaßen zu meistern, wenn es auch dauernd privater Spenden bedurfte, um das philharmonische Schiff über Wasser zu halten; schon Ende 1883 mußte Joachim mit Hilfe der Familien von Mendelssohn, von Siemens u. a. fast 30 000 Mark aufbringen, um das Orchester vor dem finanziellen Zusammenbruch zu retten. – Während dieser zweiten Spielzeit dirigierte Franz Wüllner wiederum acht Philharmonische Konzerte, neben ihm war selbstverständlich Joseph Joachim als Hauptdirigent tätig. Zwei Sonderkonzerte sind zu erwähnen: am 29. Januar 1884 dirigierte Johannes Brahms seine dritte Symphonie und trug anschließend als Solist sein erstes Klavierkonzert vor. Am 4. März des gleichen Jahres stand erstmalig Hans von Bülow als Gastdirigent vor dem Orchester. Auch auswärtige Konzerte konnten organisiert werden und verliefen erfolgreich.

Aber alle noch so gut gemeinten Bestrebungen konnten den Etat nicht decken. Schon damals zeigte sich, daß ein Orchester von künstlerischem Rang auf dauernde großzügige finanzielle Hilfe angewiesen sein würde. Der Versuch, städtische oder staatliche Stellen hierfür zu interessieren, mißglückte. So mußten private Kreise mobilisiert werden. Joseph Joachim, Martin Blummer, Direktor der Singakademie, und Ernst Rudorff vom Sternschen Gesangverein, der verschiedentlich die Philharmoniker zuvor dirigiert hatte, erließen einen Aufruf zur Gründung einer „Philharmonischen Gesellschaft“, deren Hauptaufgabe es war, die nötigen Mittel zu sammeln. Diese konstituierte sich am 30. März 1884, verfügte sehr bald aufgrund privater Beiträge über eine sichere Jahreseinnahme von 90 000 Mark, erwartete Konzerteinnahmen von ca. 40 000 Mark, so daß die Orchestermitglieder für kurze Zeit aufatmen konnten. Geschäftsführer der Gesellschaft wurde Hermann Wolff.

Die Spielzeit 1884/85 bot nicht weniger als 20 große Abonnementskonzerte, die in vier Serien eingeteilt wurden. Joachim dirigierte die Serien A und B, Wüllner übernahm die Konzertserie C, Klindworth die Serie D. Extrakonzerte und „populäre Konzerte" vervollständigten das Gesamtprogramm. Am Ende der Spielzeit, d. h. im Frühjahr 1885, übernahm Franz Mannstädt die Leitung der Philharmoniker, führte sie auf eine 28 (!) Städte umfassende Konzertreise, die schließlich in Scheveningen endete, wo das Orchester vom 1. 8. bis 15. 9. spielte. Der Erfolg dort war so durchschlagend, daß die Kurdirektion die Philharmoniker jahraus jahrein wieder engagierte, was zu einer erheblichen finanziellen Erleichterung führte.– Dennoch mußte die Philharmonische Gesellschaft nach nur einjährigem Bestehen ein zusätzliches Defizit von 12 000 Mark decken.

In der folgenden Spielzeit 1885/86 wurden nur 12 große Abonnementskonzerte veranstaltet (man hatte sich zweifellos in der vorangegangenen Saison übernommen), die je zur Hälfte von Joachim und Klindworth geleitet wurden. Zu den vielen Organisationen, die sich der Philharmoniker bedienten, trat nun auch der von Siegfried Ochs geleitete Philharmonische Chor, eine Anerkennung für die Leistungen der Philharmoniker. Galt doch Ochs mit vollem Recht als der große Reformator des Chorgesangs, ein Dirigent von höchstem Rang, der gegen den herkömmlichen Schlendrian ankämpfte, echte künstlerische Leistungen von seinen Sängern verlangte und – ähnlich wie Bülow für das Orchester – neue Maßstäbe für den Chorgesang gesetzt hatte. – Im Frühjahr traf man – diesmal nach einer kürzeren westdeutsch-holländischen Konzertreise – wiederum in Scheveningen ein, wo am 1. 9. das Kurhaus in Flammen aufging. Eine Katastrophe für die Orchestermitglieder, die ihre persönliche Habe, aber auch fast alle Instrumente sowie das gesamte Notenmaterial einbüßten. Nur eine fast verkohlte Notenstimme von dem Strauß-Walzer „Freut Euch des Lebens" blieb übrig.

Für solche „Lebensfreude" bestand kaum Anlaß. Wenn auch der Hauptschaden durch die Versicherung gedeckt wurde, mußte die Gesellschaft erneut mit zusätzlichen Geldmitteln einspringen. Zwar konnte die folgende Spielzeit mit wiederum 12 großen Abonnementskonzerten (Dirigenten: Joachim und

Klindworth) durchgeführt werden, doch das ewige Defizit bzw. die Notwendigkeit, es zu decken, entmutigte selbst die eifrigsten Anhänger des Orchesters. Es kam zur Auflösung der Gesellschaft. Somit war das Orchester wieder auf sich allein gestellt.

Aber wer geglaubt hätte, daß es nunmehr zur Auflösung des Orchesters kommen würde, sah sich getäuscht. Es wäre dies durchaus kein Wunder gewesen. (Schließlich existierte noch das Bilse-Orchester, wenn auch unter anderer Leitung, und erfreute sich bei dem provinziellen Teil der Berliner, der sich bis zum heutigen Tage erhalten hat, weiterhin großer Beliebtheit). Aber das Glück der Philharmoniker hielt an. Ihr künstlerisches, aber auch ihr menschliches Verhalten hatten großen Eindruck hinterlassen. Ihre Bedeutung als Klangkörper war anerkannt und, was fast noch wichtiger war, ihre Weigerung, sich aufzugeben, zu sterben, löste neue Hilfe, neue Initiativen aus.

Wiederum war es vor allem die Familie Mendelssohn (wie hat man es ihr ein halbes Jahrhundert später „gedankt",) die entscheidend half, das Defizit zu decken. Ein Garantiefonds für das Orchester wurde gebildet. Einnahmen aus drei großen Konzerten wurden ihm zugeführt, Joachim und andere Künstler spielten zu Gunsten dieses Fonds, und für den Sommer, der wiederum in Scheveningen verbracht wurde, gab es sowieso keine finanziellen Sorgen. Der alte Orchestervorstand übernahm erneut die Verwaltung und konnte von der Gesellschaft zu einem sehr günstigen Preis das gesamte Inventar und Notenmaterial erwerben. Entscheidend für den Fortbestand des Orchesters war jedoch der Entschluß von Hermann Wolff, die repräsentativen Konzerte des Berliner Philharmonischen Orchesters nunmehr in eigene Regie zu übernehmen und sie dem Mann anzutragen, der durch seine Gastkonzerte mit der Meininger Kapelle fünf Jahre zuvor dem Berliner Musikpublikum erstmalig wahre Orchesterkultur offenbahrt hatte, Hans von Bülow.

Hans von Bülow

Als Hans von Bülow, siebenundfünfzigjährig, die Leitung der Philharmonischen Konzerte in Berlin übernahm, konnte er auf ein überaus bewegtes Leben zurückblicken, bei dem es, seinem Charakter entsprechend, an Widersprüchen nicht gefehlt hat. In Dresden 1830 geboren, mit neun Jahren Klavierschüler von Friedrich Wieck, erstes öffentliches Auftreten noch während der Schulzeit in Stuttgart, Studium der Rechte, aber auch des Kontrapunktes, in Leipzig, Übersiedlung nach Berlin, wo der Neunzehnjährige als Mitarbeiter der „Abendpost" durch bissige Kritiken an den Konzerten der Berliner Hofkapelle auffällt und sich zu den Ideen Richard Wagners bekennt, dessen Schrift „Die Kunst und die Revolution“ ihn stark beeindruckt. Er hört den „Lohengrin“ in Weimar, eilt zu Wagner nach Zürich, der ihn freundschaftlich aufnimmt und ihm auf dem Weg zum Theaterkapellmeister (erste Stationen Zürich und St. Gallen) zur Seite steht; es folgen Klavierstudien bei Franz Liszt in Weimar, dessen Tochter Bülow später heiratet, Konzerttourneen durch Deutschland und Österreich und schließlich eine Anstellung als Klavierlehrer am Stern'schen Konservatorium in Berlin. 1858 avanciert Bülow zum „Kgl. Hofpianisten“, leitet alsbald im Rahmen einer von ihm gegründeten „Gesellschaft der Musikfreunde“ einige Konzerte, deren Fortführung jedoch aus Geldmangel unmöglich wird. Immerhin hat er die Genugtuung, bei seinem zweiten Konzert den von ihm über alles verehrten Richard Wagner als Zuhörer zu wissen, der nach Beendigung seiner Schweizer Exilzeit Bülow nach München holt, wo er zuerst als Hofpianist und nach kurzer Lehrtätigkeit in Basel zum Hofkapellmeister und Direktor der Kgl. Musikschule ernannt wird. Höhepunkt seiner Münchener Jahre sind die von ihm geleiteten Uraufführungen des „Tristan“ (1865) und der „Meistersinger“ (1868). Bülow, damals begeisterter „Wagnerianer“, der sich auch in Wort und Schrift mit faszinierender Brillanz für die „neudeutsche“ Richtung einsetzt, verläßt München nach dem tragischen Schicksalsschlag, als sich seine Frau Cosima von ihm trennt und Wagner heiratet. Einige Jahre läßt er sich in Florenz nieder, nimmt 1872 seine pianistische Karriere wieder auf, die ihn auch nach Amerika führt, wo er während einer Riesentournée 139 Konzerte gibt. Oft wechselte er seinen Wohnsitz, bis er nach zweijähriger Wirksamkeit als Hofkapellmeister in Hannover 1880 einem Ruf an das Meininger Hoforchester Folge leistet, aus dem er binnen kurzer Zeit ein europäisches Spitzenorchester macht. Inzwischen hatte sich Bülow gewandelt. Aus dem streitbaren Verfechter von Wagner und Liszt war allmählich ein glühender Verehrer von Brahms geworden, dem er sich nähert und mit dem ihn schließlich eine Duzfreundschaft verbindet. Von Bülow stammt das Wort von den drei großen „B.s“ (Bach, Beethoven, Brahms), für den dritten wirbt nunmehr Bülow als Pianist wie als Dirigent. Mit seiner Meininger Truppe, mit der er das symphonische Werk von Brahms überall aufführt, schafft er sich ein Instrument, das er völlig beherrscht, auf das er seine interpretativen Ideen in allen Einzelheiten, Stil, Klangbild und vor allem die Phrasierung eines jeden Taktes zwingend überträgt. Vor Bülow galt der Dirigent in erster Linie als (notwendiger) Taktschläger, weniger Interpret als Orientierungshilfe für eine Gruppe von Orchestermusikern, deren notengetreues Zusammenspiel er zu überwachen hatte. Nun kann Bülow mit Recht verkünden: „Le concert, c'est moi“, wobei er sich keinesfalls als „Herrscher“ dem Komponisten gegenüber, sondern als dessen getreuer Anwalt betrachtet. Bülow führt seine „Meininger“

im Triumph durch Deutschland und berichtet glücklich über seinen „Sieg". Es ist ein Sieg wahrer Orchesterkultur über Schlamperei und Oberflächlichkeit, ein Sieg für Beethoven und Brahms, aber auch der Sieg einer überragenden Dirigentenpersönlichkeit, der ersten in der Musik- und Orchestergeschichte. Bülow wird Beispiel und Vorbild. „... ich sah die Erfülltheit und Willensanspannung in Bülows Gesicht, spürte die zwingende Kraft seiner Geste, gewahrte die Aufmerksamkeit und Hingabe, die Ausdrucksenergie und Präzision im Spiel des Orchesters ... der Abend entschied über meine Zukunft ... keine andere musikalische Betätigung konnte für mich in Betracht kommen, als die des Dirigenten ..." Diese Beschreibung Bülows durch keinen Geringeren als Bruno Walter, der auch seine Musikerlaufbahn als Pianist begonnen hatte, läßt die außerordentliche Inspirationskraft erkennen, die von Hans von Bülow ausging, dem ersten modernen Dirigenten seiner und unserer Zeit.

Bevor Bülow Hermann Wolffs Angebot, nach Berlin zu kommen, endgültig akzeptierte, teilte er brieflich mit, er würde nur beginnen, wenn er seine Auffassung – das bedeutete höchste technische und musikalische Ansprüche – bereits auf den Proben durchsetzen könnte. Sonst würde er „streiken"! Nun, zum „Streik" ist es nie gekommen. Bülow hat im Lauf der Jahre mehr als fünfzig Konzerte mit den Philharmonikern dirigiert, das größtmögliche Kompliment für die Leistungsfähigkeit und Kooperationsbereitschaft des Orchesters. Weiterhin erklärte Bülow, daß die Programmfrage für ihn von eminenter Wichtigkeit sei und zu seiner Zufriedenheit gelöst werden müsse. Es spricht für Hermann Wolffs Klugheit und Musikgeschmack, daß eine Einigung rasch erzielt wurde. Bülow überließ Wolff die Auswahl der Solisten, erklärte sich mit ihnen grundsätzlich einverstanden, da, wie er schrieb, „Sie (Wolff) niemals etwas Unkünstlerisches, Antiakademisches, proponieren werden ..." Überdies war er von den Programmvorschlägen Wolffs „freudig bewegt" vor allem erst einmal, weil sie keine Anzeichen von „Spreemediocrität" aufwiesen. In einem langen Brief vom 23. August 1887 an H. Wolff äußert sich Bülow über eine Reihe von Kompositionen, die für seine Konzerte in Betracht kommen, über einige von Wolff genannte Solisten, ist großzügigerweise damit einverstanden, daß Eugen d'Albert das zweite Brahms-Konzert spielt, obwohl er, Bülow, „das Stück jetzt selbst wieder auf meine Walze gebracht (habe)", und bespricht die Reihenfolge der Werke für das Eröffnungsprogramm: zuerst die „Jupiter" Symphonie von Mozart, dann Haydns Symphonie Nr. 102 (nicht umgekehrt, wie es wohl Wolff vorschlug) und nach der Pause die „Eroica". In einem weiteren Brief nennt er dieses sein „Hausweiheprogramm" nicht zu Unrecht „verwegen" und freut sich, daß es „Attraction übt". Eingehend erkundigt sich Bülow über Proben und Probezeit („Vom glatten Durchspielen kann natürlich bei mir nicht die Rede sein", Brief vom 13. 10. 87), läßt sich die Partituren kommen, um seine Anmerkungen für die einzelnen Stimmen eintragen zu lassen, kümmert sich um jede Einzelheit der Stimmen, gibt seine Besetzungswünsche an, kurzum überläßt nichts dem Zufall, „. . . damit es bei der ersten Probe nicht dermaßen hapert, daß es . . . gar nicht zum ordentlichen Musizieren kommt".

Das Eröffnungskonzert schlug, wie es Wolff vorausgesagt hatte, bei Publikum und Presse ein. Das für damalige Zeiten überaus kühne Programm (kein Solist, keine lange Reihe „abwechslungsreicher" Stücke, sondern Konzentration auf drei klassische Symphonien) wurde stürmisch begrüßt – der letzte Satz der Haydn Symphonie mußte sogar wiederholt werden – !, die Presse sprach von der „Novität der Vollendung, die wir bewunderten", „von den Adlerschwingen, die jeder Kapelle wachsen, die Bülow unterstellt ist", und vor allem davon, daß „die philharmonischen Konzerte erst jetzt . . . in Wahrheit auf dem Standpunkt stehen, den sie einnehmen müssen, wenn sie die hervorragendsten Musikveranstaltungen unserer Stadt sein sollen." – Bülow war offensichtlich vom Verlauf des Konzertes angetan und schrieb an Wolff von „dem schönen symphonischen Traum an der Spree", dem „ein exquisit häßliches operistisches Erwachen an der Alster gefolgt sei", wo er, Bülow, bei Hofrat Bernhard Pollini, dem Direktor des Hamburger Stadttheaters, „Carmen" und einen Mozart-Zyklus dirigierte.

„Ich habe nur als reformatorischer Musiker Existenzberechtigung", dieser Schlußsatz aus dem schon zuvor zitierten Briefe Bülows an Hermann Wolff vom 13. 10. 1887 vermag vielleicht am besten das Wirken des ersten großen Dirigenten des Berliner Philharmonischen Orchesters in Berlin zu charakterisieren. Was wollte Bülow „reformieren"? Zuerst selbstverständlich das ihm anvertraute Orchester, das in der Hand seiner keineswegs zu unterschätzenden Vorgänger dennoch kaum mehr als gehobenes Mittelmaß darstellte. Bülow wurde zum großen Lehrmeister der Philharmoniker. Mit einem phänomenalen Gedächtnis begabt, das aber keineswegs photographischer Natur war, sondern aus intensivster geistiger Beschäftigung mit der Partitur resultierte, verlangte er von sich und den ihm Anvertrauten höchste Konzentration, heiligen Ernst für eine heilige Aufgabe, Aufmerksamkeit für jede Note wie für das Ganze, einen alle Hindernisse überwindenden Leistungswillen im Dienste der Musik. Diktator und Diener zugleich, Pädagoge mit der Fähigkeit zur Ekstase, stets zu den Sternen strebender Idealist und Enthusiast, auf der anderen Seite ein Mann von beißender Ironie und nervöser Reizbarkeit, verkörperte Hans von Bülow in sich oft schwer zu begreifende Gegensätze, schaffte sich Bewunderer und Feinde. Aber nie war seine unbegrenzte Autorität im Orchester in Frage gestellt. Alle Berichte stimmen darin überein, daß dieser Mann von verhältnismäßig kleiner Gestalt, mit seinen energiegeladenen, oftmals zuckenden Gesten, mit seinen spannungserzeugenden Bewegungen, mochten sie auch bisweilen zu extremen Akzentuierungen führen, das Orchester fest in seiner Hand hatte, daß nichts an ihm Pose, aber alles Ausdrucksintensität im weitesten Wortsinn, also feuriges Temperament und lyrische Vertiefung, war. Wie niemandem zuvor, gelang es ihm seinen unbändigen Gestaltungswillen, seine stets spürbare Sensitivität und vor allem seine Hingabe für den „Komponisten" auf sein Orchester zu übertragen, das mit offensichtlichem Gespür für musikalische Größe bereitwilligst folgte, sicherlich manche Laune des nimmermüden Dirigenten in Kauf nahm, an ihm und mit ihm wuchs und so eine Einheit zwischen Dirigent und Ensemble ermöglichte, von der ein Berliner Kritiker schrieb, sie sei nicht eine „von außen her geleitete Eingebung eines anderen, sondern das Ergebnis eines reich entwickelten Seelenlebens jedes Mitwirkenden".

Bülow reformierte die Interpretation. Über seine Vorstellungen im einzelnen liegen neben zahlreichen positiven Stimmen auch einige kritische Anmerkungen vor. So wurden ihm „falsche" Tempi vorgeworfen (als ob es solche überhaupt gäbe!), unbegründete Temporückungen nachgesagt und manchmal sogar behauptet, er habe mit übertriebenen Nuancierungen das Publikum düpieren wollen. Dieser von Weingartner stammende Vorwurf muß zurückgewiesen werden. Mögen Bülow Launen und Schrullen nachgesagt werden, in der Musik gab es für ihn keine „Scherze"; hier ging es für ihn, wie der Dirigent George Szell einmal von seiner eigenen Arbeit gesagt hat, „um Tod oder Leben der Musik". Im übrigen läßt sich über interpretative Auffassungen immer streiten, sie unterliegen erheblich dem Zeitgeschmack und werden sich in allen Jahrhunderten immer wieder ändern. Entscheidend und neu ist Bülows Streben nach Perfektion in einer Zeit interpretativer Schludrigkeit. Man lese Bülows Anmerkungen zu seinen Klavierausgaben, bei denen er (wie es später auch Schnabel tat) mit höchster Genauigkeit und kritischer Sorgfalt den musikalischen Inhalt jeder Note, jeder Phrase zu ergründen sucht. Bülow beschäftigt sich immer zuerst mit dem Notenbild und seiner Realisierung. Dann geht es ihm um die Vertiefung, um das, was hinter den Noten steht. Bülow meint: „Der Interpret soll das Gegenteil eines Totengräbers sein, er soll das Verborgene an das Tageslicht befördern."

Bülow als Reformator des Konzerts. Vor allem erscheint ihm das Programm reformbedürftig. Das Konzert ist kein „Divertissement", in dem jedem etwas geboten werden soll. Bülow stellt die Symphonie in den Mittelpunkt seiner Programme. Er wünscht kürzere Programme (Brief an Hermann Wolff vom

4. 9. 1887), dringt auf Qualität der aufzuführenden Werke, „Hol' der Teufel die musikalische Halbwelt" (Brief vom 6. 11. 87), verbittet sich „ein für alle Mal" Liszt's „Zwölfte Rhapsodie" (Brief vom 14. 1. 88), setzt nach mehrstündiger Probenzeit Anton Rubinsteins „Ozean-Symphonie" als „antiquierte Scheußlichkeit" noch vor dem Konzert ab und dirigiert statt ihrer Mendelssohns Schottische Symphonie. „ . . . Ich will keine schlechte Musik mehr promovieren. Es gibt gute genug, die braucht mich mehr – leider – als die „andere" . . ." (Brief vom 19. 11. 87). In dem selben Brief bezeichnet er die Berliner Philharmoniker im Vergleich mit seinen Hamburger Musikern als „eleganter".

Einzelheiten aus den Programmen der Bülow-Ära. Dem „verwegenen" Eröffnungsprogramm mit den drei klassischen Symphonien folgte ein „zahmes" Programm, das zwar mit der „Dritten" von Brahms endete, zuvor jedoch neben zwei Ouvertüren und dem Chopin-Klavierkonzert eine „Festmusik" von Goldmark sowie Paradestücke des Solisten Eugen d'Albert enthielt, also eine teilweise Konzession an den damaligen Publikumsgeschmack darstellte. In den weiteren philharmonischen Konzerten der ersten Spielzeit dirigierte Bülow von Brahms die erste Symphonie, sowie das Doppelkonzert, zwei weitere Beethoven–Symphonien; Wagner war mit dem Vorspiel zu den „Meistersingern", dem Vorspiel und Liebestod aus „Tristan und Isolde" und der „Holländer"-Ouvertüre vertreten, dazu gab es eine weitere Haydn-Symphonie, Hummels Klavierkonzert, von Bülow selbst vorgetragen, sowie eine Reihe von Neuheiten, darunter die Symphonie von Richard Strauss „Aus Italien", die der Komponist dirigierte. – Besonders interessante Werke der folgenden Spielzeiten waren u. a.: Joachims Violinkonzert, Bruchs E-Dur Symphonie, eine Reihe von symphonischen Dichtungen, darunter Saint-Saens' „Phaeton", Richard Strauss' „Macbeth", „Don Juan" und „Tod und Verklärung" (wiederum vom Komponisten dirigiert), Dvoraks „Husitskà", Saint-Saens' viertes Klavierkonzert und kürzere Werke von Berlioz, Lalo und Grieg. – Unter Bülow werden die öffentlichen Generalproben eingeführt, die sich wachsender Beliebtheit erfreuen.

Bülow als Reformer des Publikums. Nicht nur mit seinen Qualitätsprogrammen wollte Bülow das Publikum bekehren, es von seinem mangelnden Geschmack abbringen, ihm das Wahre, Große in der Musik vermitteln. Der streitbare, besonders in seinen späteren Jahren zum Exzentrischen neigende Dirigent, der seine Überzeugungen in unzähligen Briefen sowie von Freunden und Schülern festgehaltenen Äußerungen und Aperçus verfochten hat, benutzte das Konzert selbst als Forum für zahlreiche, meist belehrende Ansprachen. Berühmt ist seine zweimalige Aufführung von Beethovens „Neunter" in einem „Sonderkonzert" 1889, um die Berliner auf die Bedeutung dieses Werkes hin-

Die alte Philharmonie

Hans v. Bülow (1830–1894)

Arthur Nikisch (1855–1922)

Arthur Nikisch in der Philharmonie

zuweisen, ein zumindest fragwürdiges Experiment, das Hanslick eine „ästhetische Roßkur" nannte. Diese Aufführung der „Neunten" mit ihrer Wiederholung, an der übrigens auch Kaiser Wilhelm II teilnehmen wollte, aber durch Unwohlsein verhindert wurde, mutet auch deswegen merkwürdig an, weil Bülow sich wenige Monate zuvor in einem Brief vom 17. November 88 an Siegfried Ochs negativ über das Finale der „Neunten" geäußert hatte: „ . . . Ich habe kein Herz, keine Begeisterung mehr für dieses Finale, dessen Gemeinschädlichkeit – stützte sich doch die ganze verfl. „Neudeutsche" Richtung, der ich solange anzugehören das Miß- und Ungeschick hatte, auf diese Grenzverletzung – mir von Jahr zu Jahr einleuchtender geworden ist." Seltsam und schwer zu erklären dieser Widerspruch. Aber Bülow, „rasch in der Liebe, rasch im Haß", wie ihn Hermann Wolff einmal charakterisierte, wollte mit seinem Extra-Konzert, das außerhalb der Philharmonischen Reihe von ihm dirigiert wurde, ganz offensichtlich provozieren, aufrütteln, auf die noch immer nicht überall anerkannte Größe Beethovens hinweisen. Was das Finale anbetrifft, gab ihm nicht Beethoven selbst recht, der nach einem glaubhaften Bericht von Czerny später von dem Schlußsatz abgerückt war und ihn durch ein neues, rein instrumentales Finale ersetzen wollte? Übrigens war wohl bei der vorangegangenen öffentlichen Generalprobe eine Wiederholung nicht vorgesehen. Dies geht aus einem von Frau Edith Stargardt, der Tochter von Hermann Wolff, veröffentlichten Bericht hervor, wonach am Schluß der (ersten) Aufführung das Publikum raste, Bülow sich bedankte und nach einem Augenblick der Überlegung sagte: „Wenn es dem Orchester und dem Publikum recht ist, wiederholen wir die Symphonie, denn heute sind die Musikverständigen hier, morgen kommen die Protzen." Diesem Bericht zufolge kannte die Begeisterung keine Grenzen, und die Wiederholung begann.

Es war dies nicht das einzige Mal, daß Bülow sein Publikum mit Ansprachen bedachte. Zwei Beispiele: Anläßlich eines Gedenkkonzertes zum 85. Geburtstag von Hector Berlioz dirigierte Bülow ein populäres Konzert, das u. a. die Benvenuto Cellini-Ouvertüre, den „Römischen Karneval", den Irrlichtertanz aus „Fausts Verdammung" und zum Schluß die „Freischütz-Ouvertüre" enthielt. Wie der „Berliner Courier" vom 12. 12. 88 berichtet, gab es am Schluß nicht endenwollenden Beifall und Hochrufe, bis Bülow schließlich in einer Ansprache dankte und hinzufügte, er habe zu verschiedensten Zeiten seine Unfähigkeit als Hofkapellmeister glänzendst dokumentiert. Sein stark ausgeprägtes Unabhängigkeitsgefühl habe ihn wohl zu anderen Zielen hingetrieben. Dieses Ziel glaube er damit erreicht zu haben, daß er, dank der Unterstützung so vortrefflicher Kräfte, wie die der Philharmoniker, und der Aufnahme, die er beim heutigen Publikum gefunden habe, nunmehr unter die deutschen Volkskapellmeister zu rangieren hoffen dürfe. – Das andere Beispiel: In seinem Abschiedskonzert der Saison 91/92 endete das Programm mit der „Eroica". Das Publikum feierte Bülow, beschwor ihn, zu bleiben. Diesmal hatte der scheidende Dirigent sogar eine ziemlich lange Rede vorbereitet. Er wertete in ihr das symphonische Werk Beethovens, betonte den „Helden" als Quintessenz seiner, Beethovens, Welt. An Napoléon habe Beethoven gedacht, Napoléon konnte es nicht mehr sein. Und nun die alle überraschende Wendung: „Wir Musiker mit Herz und Hirn, mit Hand und Mund, wir weihen und widmen die heroische Symphonie von Beethoven dem größten Geisteshelden, der seit Beethoven das Licht der Welt erblickt hat, wir widmen sie dem Bruder Beethovens, dem Beethoven der deutschen Politik, dem Fürsten Bismarck." Geringer Beifall und Proteste folgten. Diese Belehrung des Berliner Publikums, das ihn maßlos verehrte und ihn, zusammen mit den Philharmonikern, zum Bleiben beschworen hatte, erwies sich als Fehlschlag.

Diese eigenartige „Widmung" bedarf der Erklärung. Bülow hatte seit langem Bismarcks Laufbahn mit leidenschaftlicher Anteilnahme verfolgt, sich in allen Konfliktsituationen auf die Seite des „Eisernen Kanzlers" gestellt und war – so der Bericht Marie von Bülows, seiner zweiten Frau – geradezu betäubt, als er in New York von der Entlassung Bismarcks durch den jungen deutschen Kaiser erfuhr. Der Vorgang traf ihn wie „eine persönliche Katastrophe". Inzwischen hatte der junge Kaiser „regierungsfeindlichen Mäklern und Nörglern" geraten, „den deutschen Staub von ihren Pantoffeln zu schütteln"! Als Bülow nach seiner Ansprache die Proteste vernahm, zog er sein Taschentuch heraus, bückte sich und wischte sich symbolisch den Staub Berlins von den Schuhen. Der Skandal war komplett; Bülow telegraphierte seiner Frau: „Pflicht erfüllt".

Es spricht für diesen widersprüchlichen, seine Umgebung immer wieder brüskierenden, und doch stets noblen Mann, daß er nach dem ihn tief treffenden Skandal trotz mancher Drohungen nach Berlin zurückkehrte, das „Eroica"-Programm in einem volkstümlichen Konzert wiederholte, einen eigenen Klavierabend gab und vor allem die „Neunte" zu Gunsten des Pensionsfonds des Orchesters dirigierte. „... Ich kenne keine Feigheit und halte es für meine Pflicht, das übernommene Eintreten für den von mir mitbegründeten Pensionsfonds durchzuführen ...". – Die Konzerte waren überfüllt. Tausende fanden keinen Einlaß. Civilcourage wird überall anerkannt. Nun huldigte das Publikum dem Musiker Bülow, bei seiner Abreise kam es am Bahnhof zu weiteren Kundgebungen der Anhänglichkeit; man rief: „Wiederkommen", bis Bülow schließlich ausrief: „Aber um wiederzukommen, muß ich erst weggehen."

Bülow hatte gesiegt. Aber sein Abschied war nicht mehr rückgängig zu machen. Bülow ist der einzige der großen Dirigenten der Berliner Philharmoniker, der zurücktrat. Die Gründe sind vielfältiger Art. Bülow selbst erklärte, ihn langweile „die Monotonie des Erhabenen"; nach Marie von Bülow sagte er zur Begründung seines allen unerklärlichen Entschlusses: „Ich verlange jetzt eben mehr". Wo er dieses „Mehr" finden würde, erklärte er nicht. Sicherlich waren für diesen rastlosen, gehetzten Mann, der stets an der Divergenz zwischen dem menschlich Möglichen und dem vom Genie erträumten Ideal litt, fünf Spielzeiten in Berlin fast schon ein Rekord; in der Reichshauptstadt war er, der in Hamburg lebte, sowieso nur Gast, seine anfänglich herzlichen Beziehungen zu Joseph Joachim hatten sich allmählich abgekühlt, auch spürte er, der Hypersensitive, auf Grund der Entlassung Bismarcks eine für ihn kaum zu ertragende „feindliche" Atmosphäre. Auf der positiven Seite stand allein das sich für ihn aufopfernde Orchester, das ihn mit rührenden Worten anflehte, zu bleiben: „Wie die Schüler dem Meister, ja wie der Sohn dem Vater in Verehrung sich naht, so naht sich Ihnen in vertrauensvoller Liebe das Philharmonische Orchester . . .".

Bülow, inzwischen schwer erkrankt, kam in der folgenden Spielzeit nochmals zu den Philharmonikern zurück. Am 11. 3. 93 dirigierte er das letzte Konzert der Spielzeit. Drei Symphonien standen auf dem Programm: die „Vierte" von Beethoven, die „Dritte" von Brahms und die C-Moll Symphonie (Nr. 95) von Haydn. Gewaltige Ovationen und eine letzte Rede mit leiser Stimme: „Gestatten Sie mir, daß ich diese lebhaften Sympathiebezeugungen, die in erster Linie den ausgezeichneten Leistungen des Orchesters gelten sollten, zugleich für mich als eine Amnestie für früher begangene Extravaganzen in Anspruch nehme". Und noch einmal gelingt es, den schwer Leidenden für ein Pensionskonzert zu gewinnen. Er dirigierte am 10. 4. 93 die drei letzten Beethoven-Symphonien, die „Neunte" ohne das Finale. Er möchte, so sagte er, mit einem Adagio schließen. War er, der ewig Rastlose, mit seinen Gedanken schon in jener anderen Welt, auf die der langsame Satz der „Neunten" weist . . .?

Die Bedeutung der verhältnismäßig kurzen Ära Bülow's kann nicht hoch genug eingeschätzt werden. Ihm verdanken die Philharmoniker den Aufstieg zu einem Orchester von Weltklasse, die genaue Kenntnis der klassisch-romantischen Musik, ihres Aufführungsstils, ihres geistigen Inhalts, eine Kenntnis, die sich bis zum heutigen Tage von einer Musikergeneration auf die anderen übertragen hat. Bülow wird aber auch zum großen Erzieher des Berliner Musikpublikums. Zuhörer wie Orchester haben sich diesem seltsam-einzigartigen Musiker fast immer widerspruchslos hingegeben, sind ihm auf seinen oftmals verwegenen Pfaden gefolgt und haben durch ihn jenes Qualitätsbewußtsein erworben, das sich bis heute in dieser Stadt erhalten hat. – Das „Rätsel“ Bülow wird sich kaum jemals vollends lösen lassen. In der Musik niemals wankend, stellte er an sich wie an alle anderen höchste Ansprüche und setzte sie durch. Als Mensch bleibt er bisweilen schwerer verständlich. Unstet durch die Welt ziehend, nirgends ganz zu Hause, von Stunde zu Stunde seine Meinung ändernd, oftmals als herzlos gescholten, ständig Menschen in seiner Umgebung, aber auch sich selbst ironisierend, gibt er in der Tat Rätsel auf, die vielleicht durch die von ihm nie überwundene Cosima-Tragödie, aber auch seine nie richtig erkannte, ihn jahrelang quälende Erkrankung (sie stellte sich nach seinem Tode als Gehirnwucherung heraus) ihre Erklärung finden. – In der Erinnerung bleibt der edle, stets hilfsbereite Bülow, der niemals versagte, wenn es galt, menschliche Not zu lindern, dem die Berliner Philharmoniker auch in materieller Hinsicht zu größtem Dank verpflichtet waren. – Die Ära Bülow ist die unumstößliche Grundlage für alles Kommende.

Von Bülow zu Nikisch

Hans von Bülow hinterließ ein künstlerisch wie finanziell gefestigtes Berliner Philharmonisches Orchester. In knapp fünf Jahren war es ihm gelungen, den Philharmonikern eine weit über Berlin hinaus geachtete Position zu verschaffen. Überdies hatte sich dank des von ihm ins Leben gerufenen Pensionsfonds, für den er stets einmal im Jahre ein Benefizkonzert gab, die finanzielle Situation soweit gebessert, daß es nunmehr möglich war, in neuen Statuten des sich weiterhin selbst verwaltenden Orchesters die Sicherstellung der Mitglieder zu regeln. Hielten sich auch die ausgesetzten Beträge in bescheidenen Grenzen, so konnte doch jeder Musiker nach zehnjähriger aktiver Zugehörigkeit mit einer Pension rechnen. – Nach dem ersten, teilweise unerhört schweren Jahrzehnt endlich ein „Silberstreifen am Horizont“.

Doch wer konnte Bülow ersetzen? Hermann Wolff dachte zuerst an Weingartner, der vertraglich anderweitig gebunden war. So übernahmen Gastdirigenten Teile der Spielzeit 1892/93, unter ihnen Hans Richter, der in Breslau fast vergötterte Raphael Maszowski, auf den man besonders große Hoffnungen gesetzt hatte, Felix Mottl, Hermann Levi, Ernst von Schuch, der das Bülow-Gedächtniskonzert mit den Philharmonikern dirigierte, und der junge, von Bülow schon in Meiningen geförderte Richard Strauss. Gleiches galt für die Saison 93/94, bis man sich entschloß, Richard Strauss die gesamte Spielzeit 1894/95 anzuvertrauen. Aber Richard Strauss konnte und wollte nur eine Zwischenlösung sein. Dirigentisch an Bülow geschult, gehörte er der „neudeutschen" Richtung an, vermochte sich mit der Musik von Brahms nicht anzufreunden (der er übrigens Zeit seines Lebens fremd gegenüberstand) und wäre sicherlich auf die Dauer nicht der rechte Mann in der Philharmonie gewesen. Wiederum war es Hermann Wolff, der schließlich den rechten Mann fand. Er berief Arthur Nikisch, der sogleich vom Orchester mit Begeisterung akzeptiert wurde und mehr als ein Vierteljahrhundert den Konzerten der Philharmoniker Glanz, Würde und weltweite Ausstrahlung gab.

Arthur Nikisch

Man kann sich kaum einen größeren Gegensatz zu Bülow vorstellen. Dieser entstammte einem alt-preußischen Adelsgeschlecht, Nikischs Vorfahren waren slawisch-deutsch väterlicherseits und ungarisch mütterlicherseits. Bülow kam vom Klavier. Nikisch, selbst ein hervorragender Pianist, der oftmals der damaligen Gewohnheit entsprechend in seinen Konzerten Sänger begleitete, war in erster Linie Geiger, spielte in ganz jungen Jahren als Substitut im Wiener Hofopernorchester, später im Bayreuther Festspielorchester und besaß damit bedeutende orchestrale Erfahrung, bevor er Dirigent wurde. Nikisch selbst bezeichnet seine Mitwirkung unter Richard Wagner in Bayreuth als entscheidend „für meine ganze Beethoven-Auffassung, ja für meine Orchesterinterpretationen überhaupt"! – Nikischs Laufbahn, gemessen an dem turbulenten Lebensweg Bülows, erscheint gradlinig, fast problemlos. Klavierstudium mit sechs Jahren, Aufnahme im Wiener Konservatorium mit Hauptfach Geige, Privatunterricht ergänzt die Studien des Knaben, der von verständnisvollen Eltern frühzeitig aus der Schule genommen wird, damit er sich ganz seiner außerordentlichen Begabung widmen kann. Mit 19 Jahren im Wiener Hofopernorchester fest angestellt, kurz darauf von dem weitsichtigen Angelo Neumann „entdeckt" und an das Leipziger Stadttheater zuerst als Chordirektor und einen Monat später als Kapellmeister berufen. In Leipzig bleibt Nikisch über ein Jahrzehnt, dirigiert dort, sehr bald mit Anton Seidl koordiniert, das gesamte Opernrepertoir, wechselt vertretungsweise zum Gewandhaus über, leitet 1881 die Konzerte des „Allgemeinen deutschen Musikvereins" in Magdeburg (wo Hermann Wolff von ihm sehr starke Eindrücke erhielt), setzt sich nachdrücklich für Liszt ein und macht sich geschichtlich einen Namen durch die Leipziger Uraufführung der siebenten Symphonie von Anton Bruckner im Jahre 1884. Doch der räumliche Abstand zwischen Leipzig und Berlin war damals offenbar sehr groß. So lag es nicht „nahe genug", um Nikisch nach Berlin als Gastdirigent zu den

Berliner Philharmonikern einzuladen! Nikisch ging 1889 nach Amerika, wo er vier Jahre als Leiter des Boston Symphonie Orchesters wirkte. 1893 übernahm er die Leitung der Budapester Oper, zwei Jahre später erhielt er einen Ruf nach Leipzig als Gewandhausdirektor. Fast zu gleicher Zeit erreichte ihn das Angebot, die Nachfolge Bülows anzutreten. Hermann Wolff hatte sich rechtzeitig an Magdeburg erinnert, aber auch an begeisterte Äußerungen von Liszt, der den ungarischen Dirigenten, wie Edith Stargardt berichtet, als „Auserwählten unter den Auserwählten" bezeichnet hatte. Nikisch, der übrigens mehrere Sprachen, nur nicht ungarisch (!) beherrschte und sich vielleicht auch deswegen in Budapest nicht sehr wohl fühlte, nahm beide Angebote an und siedelte nach Leipzig über.

Auch in ihrer Persönlichkeit und Dirigierweise unterscheiden sich Nikisch und Bülow völlig. Zuvor der nervös-hektische, hartnäckig arbeitende, um jede Note ringende Bülow, den Klassikern verschworen, sich für sie mit Taktstock und Wort ereifernd, nunmehr ein ruhiger, in sich geschlossener, von vornehmer Zurückhaltung geprägter Dirigent mit sparsamen, eleganten Bewegungen, dem es offensichtlich weniger um Akzentuierungen und Artikulation als um Klangfülle, Klangschattierungen, gesangliche Linien, strömendes Musizieren ging. Bülow war Zeit seines Lebens Kämpfer, Nikisch liebenswürdiger Weltmann, der durchaus seine Ansichten durchzusetzen vermochte, dies aber ohne Sarkasmus, sondern mit Charme und Freundlichkeit tat. Während Bülow sich jeden Takt erarbeitete, vor das Orchester nur trat, wenn er jede Note der Partitur auswendig konnte, ließ sich Nikisch während der ersten Probe ein weniger bekanntes Stück – vielleicht handelte es sich sogar um eine Erstaufführung – vom Orchester sozusagen „vorspielen", besaß die außergewöhnliche Gabe, es sich sofort anzueignen, vermochte dann das Werk in seinen wesentlichen Einzelheiten mit dem Orchester durchzugehen und es in kürzester Zeit zur Zufriedenheit aller aufzuführen. Man hat Nikisch ein phänomenales Ohr nachgerühmt. Er muß zudem ein einzigartiges Gespür für orchestrale Klänge und Klangmöglichkeiten gehabt haben. Bülow ging mit strenger Logik, ausgeprägtem Sinn für Form und Struktur ans Werk, Nikisch ließ seine Intuition, sein nobles Musikertum walten, eroberte sein Publikum vor allem durch melodischen Reichtum, Betonung des Romantischen in der Musik und espressive Fülle. Bülows Interpretationen neigten eher – ohne daß man generalisieren darf – zum Hart-Eckigen, Nikisch bevorzugte eine gewisse Weichheit im Aufbau wie im Gesamtklang. Bülow mehr Verstandesmusiker, Nikisch mehr dem Gefühl hingegeben, der eine resignierender Philosoph, der andere Poet. Nikisch liebte die Farbe, Bülow war mehr Zeichner als Maler. Wieviele Vergleiche lassen sich anstellen, ohne daß sie ein Werturteil bedeuten. Nikisch, der übrigens Bülow als Dirigenten nicht erlebt hat, ging seinen eigenen Weg, knüpfte nicht an seinen Vorgänger an, von dem er ein herrlich-diszipliniertes, dennoch flexibles Orchester übernahm.

Nikischs erstes Konzert (14. Okt. 1895) – auch hier folgen wir dem Bericht von Edith Stargardt – gestaltete sich zu einem persönlichen Triumph für den neuen Leiter der Philharmonischen Konzerte. Seine Erscheinung wirkte faszinierend, seine Stabführung harmonisch und suggestiv, seine Persönlichkeit fesselnd und überzeugend. Dazu ein glanzvolles Programm, das mit der dritten „Leonoren-Ouvertüre“ begann, im zweiten Teil Josef Hofmann als Solisten im E-Moll Konzert Chopins sowie Wagners „Tannhäuser“-Ouvertüre brachte, und in dessen Mittelpunkt erstmalig eine Tschaikovsky-Symphonie – die „Fünfte“ – stand. Im Gegensatz zu Bülow, der nie ein Werk von Tschaikovsky programmiert hatte, verehrte Nikisch den russischen Meister und erwies sich sogleich als geborener Tschaikovsky-Interpret. Seine Affinität zu der schwermütig-dunklen, zum Morbiden neigenden, in ihren Ausbrüchen dagegen oftmals elementaren, melodisch schnell eingehenden Musik war vollkommen, die Wiedergabe der Symphonie entsprechend hinreißend und stürmisch bejubelt. Fast konnte man von einer Persönlichkeitsidentität zwischen beiden sprechen; darum interessiert besonders, was Tschaikovsky über die Kunst Arthur Nikischs zu sagen hatte: „Sein Dirigieren hat nichts gemeinsam mit der berühmten und in ihrer Art unnachahmlichen Manier Hans von Bülows. So beweglich und effektvoll in seinen Bewegungen der Letztere auch sein mag, so wunderbar ruhig, aber dabei erstaunlich mächtig, energisch und voll Selbstbeherrschung ist Arthur Nikisch. Er dirigiert nicht, sondern es scheint, als ob er sich einer gewissen, geheimnisvollen Zauberei hingibt. Man bemerkt ihn kaum, und doch fühlt man, daß sich das ungeheure Orchesterpersonal willig den Anordnungen seines Hauptes fügt.“

Auch andere haben von Nikischs Zauberei gesprochen, von seiner magischen Persönlichkeit, von seiner rationell nicht erklärbaren Ausstrahlung, die Orchester und Publikum in Bann schlug. In der Tat, ein geheimnisvolles Fluidum ging von ihm aus, das auch er nicht zu erklären vermochte. Nikisch war sicherlich der erste Dirigent von Format, der seinen eigenen spezifischen Klang „mitbrachte“, dessen Persönlichkeit, verbunden mit seiner Stabführung, sogleich dem Orchester ein bestimmtes Klangbild entlockte. Doch wäre es verfehlt, in ihm schlichtweg einen „Zauberer“ mit ungewöhnlichen Kräften zu erblicken. Um zu zaubern, mußte er sich selbst erst einmal verzaubern, und die Zaubermacht, die dies bewerkstelligte, war die Musik, die ihm entgegenklang. Nikisch ließ, wie er selbst einmal sagte, die „erregende Macht der Musik“ in sich wirken, vermochte sie mit gleicher Macht weiterzugeben, begnadeter Nachschöpfer mehr aus dem Erlebnis als aus der Überlegung heraus. Je größer das emotionelle Erlebnis, umso größer die „Zaubermacht" dieses Dirigenten, umso größer die Aufführung. Mit seinen „magischen" Interpretationen traf Nikisch den Geschmack der Jahrhundertwende, beglückte sein großbürgerliches Publikum, das sich nur allzu willig von ihm in die „seligen Gefilde" der Musik führen und wohl auch verführen ließ. Daß ihm dies mehr als ein Vierteljahrhundert gelang, zeugt von der echten Größe dieses Mannes, der trotz der dem Wechsel zuneigenden Großstadtatmosphäre, trotz des ersten Weltkrieges und des mit ihm verbundenen Umsturzes, trotz des Absinkens jenes ihn und seine Konzerte tragenden Bürgertums unbeirrt die Berliner Philharmoniker führte, ohne sich oder seine Programme wesentlich zu ändern.

Nikischs Programme, auf die hier nicht im einzelnen eingegangen werden kann, waren bisweilen bunt durcheinander gewürfelt, entbehrten der Strenge, mit der Bülow seine Programme gestaltete. Es gab, der Mode entsprechend, sehr oft zwei Solisten, so daß die von Bülow avisierten kürzeren Programme wieder an Länge zunahmen; auch sei vermerkt, daß nicht selten wesentliche Werke, deren innere Bedeutung auf die anderen im Programm vorgesehenen Kompositionen hätte ausstrahlen müssen, sich in wenig geeigneter Nachbarschaft befanden.

Entscheidend ist jedoch, was Nikisch an Neuem dirigiert hat. Außer Tschaikovsky, der auch mit seinen symphonischen Dichtungen zu Gehör gebracht wird, erhält endlich Anton Bruckner den ihm gebührenden Platz. Wenn heute ein Spielplan ohne Bruckner kaum vorstellbar ist, so ist dies auf den Nachfolger Bülows zurückzuführen, der fast jedes Jahr eine Bruckner-Symphonie dirigierte, obwohl die Wiedergabe der damals als überlang geltenden Werke des österreichischen Meisters – von Brahms als „Riesenschlangen" abgelehnt – stets ein gewisses Risiko in sich trug. Daß sich Nikisch in seinem Glauben an die Größe Bruckners nicht beirren ließ, dies allein sichert ihm einen Ehrenplatz in der Berliner Musikgeschichte. – Nikisch als Liszt-Interpret ist fast eine Selbstverständlichkeit. Die „Faust"-Symphonie gehörte seinerzeit zu den in Berlin besonders beliebten Werken. Erfreulicherweise kam auch der so oft verkannte Hector Berlioz zur Geltung, dessen „Phantastische" und „Harold in Italien" auf dem Programm erschienen. Von den Romantikern gab er endlich Robert Schumann den ihm gebührenden Platz. – Der damaligen neuzeitlichen Musik war Nikisch vor allem in den ersten Jahrzehnten seines Wirkens zugetan. Er hat insbesondere Werke von Richard Strauss wiederholt aufgeführt, unter ihnen „Zarathustra", „Heldenleben" sowie die „Domestica", er hat Gustav Mahlers „Erste“, „Dritte“, „Vierte“, „Fünfte“ sowie „Das Lied von der Erde“ programmiert, ohne daß es jedoch zu Wiederholungen gekommen wäre. Pfitzner, Sibelius, Debussy, Reger, Wolf, d'Indy, César Frank sind im Spielplan vertreten. Groß ist die Zahl der übrigen zeitgenössischen Komponisten, denen Nikisch eine Chance einräumte. Daß, wie zu Zeiten Bülows, Beethoven und Brahms Grundlage der Programme bildeten, versteht sich fast von selbst. Dagegen erscheinen Haydn und Mozart verhältnismäßig selten in den Programmen, während Schuberts „Unvollendete“, sowie die große „C-Dur“ Symphonie mehrfach aufgeführt wurden. – Der alternde Nikisch zeigt nur geringes Interesse für die „Avant-Garde“. Schönberg, Stravinsky, Berg, Webern, aber auch der spätere Debussy fehlen in den Programmen.

Dank der Initiative von Hermann Wolff unternehmen die Philharmoniker unter Nikisch nunmehr auch internationale Reisen. Die erste führte u. a. nach Paris, das noch nicht den Krieg von 1870/71 und Versailles vergessen hatte. Nur nach erheblichen Schwierigkeiten, besonders wegen des Namens „Berlin“, kamen fünf Konzerte zustande. Kurz vor dem ersten Konzert ereignete sich ein entsetzliches Brandunglück in einem Wohltätigkeitsbazar. Nikisch ließ in Abänderung des Programmes zum Gedenken an die Opfer den Trauermarsch der „Eroica“ stehend spielen, eine Geste, die vom Publikum mit Sympathie und Ergriffenheit aufgenommen wurde und daraufhin allen Konzerten einen stürmischen Erfolg einbrachte. – Im Mai 1899 fand eine gleichermaßen erfolgreiche Reise von insgesamt 28 Tagen nach Rußland statt, 1901 ging es nach Österreich, Italien, Spanien und Portugal, eine Tournee, die 45 Tage dauerte. Der Ruf der Berliner Philharmoniker, gestärkt durch weitere Reisen, die 1914 ein Ende fanden, war bald in ganz Europa etabliert.

Es ist hier nicht der Platz, die überlange Liste der Solisten aufzuführen, die während der Ära Nikisch mit dem Orchester musiziert haben. Wohl aber muß jener bedeutenden musikalischen Ereignisse gedacht werden, die unter der Stabführung von Gastdirigenten stattfanden. Vor allem gilt es, die dirigierenden Komponisten zu erwähnen, die den Konzerten einen besonderen Glanz verliehen. Schon vor und während der Bülow-Zeit war Johannes Brahms mehrfach Dirigent und Solist eigener Werke. Tschaikovsky folgte 1888, im Jahre darauf leitet Grieg im Rahmen eines Bülow-Konzerts eigene Werke und dirigiert ein „All-Grieg“ Konzert rd. 20 Jahre später. Gustav Mahler erscheint 1895 als Dirigent seiner „Auferstehungssymphonie“ und leitet Anfang 1907 seine „Dritte“. Selbstverständlich finden wir immer wieder den Namen von Richard Strauss, der als Dirigent und Interpret eigener Werke den Philharmonikern bis zum Ende der dreißiger Jahre verbunden bleibt.

Unter den zahlreichen, nicht komponierenden Gastdirigenten der (damals) jüngeren Generation ist insbesondere Oskar Fried zu nennen, der sich der modernen Musik widmete, immer wieder auf Mahler hinwies, Schönberg („Pelleas und Melisande"), Stravinsky („Sacre du Printemps"), Busoni u. a. aufführte. Oskar Fried, der in den zwanziger Jahren eine gleich-wichtige Rolle spielte, war schon während der Nikisch-Ära ein „Aufrührer". Ihm gesellten sich Hermann Scherchen, Gustav Brecher und Otto Klemperer zu, deren Programme ein bedeutungsvolles Gegengewicht zu den repräsentativen, nunmehr eher konservativen Philharmonischen Konzerten darstellten.

Aber noch „regierte" Nikisch. Seine getreuen Anhänger bereiteten ihm eine unvergeßliche Ovation, als er sein 25jähriges Dirigentenjubiläum mit dem Eröffnungsprogramm von 1895 (statt des Chopin-Konzertes spielte sein Sohn Mitja das A-Dur Klavierkonzert von Liszt) feierte und seine Zuhörer fragte, ob er weiter an der Spitze des Berliner Philharmonischen Orchesters bleiben solle. Daß ihm ein „Ja"-Orkan antwortete, war selbstverständlich. Doch Nikischs Zeit neigte sich ihrem Ende zu. Kritik an seinen nichts mehr Neues bringenden Programmen, an seinem gleichbleibenden Interpretationsstil, mehrten sich. Jüngere Dirigenten von Format, unter ihnen Bruno Walter und Wilhelm Furtwängler, erschienen in der Philharmonie und wurden bejubelt. Der vom Glück so sehr begünstigte Arthur Nikisch, dem schwere Schicksalsschläge im Gegensatz zu seinem Vorgänger erspart blieben, fand noch im Zenith seines Ruhmes Anfang 1922 den Tod. Eine große Erschütterung war überall in Berlin zu spüren. Wilhelm Furtwängler leitete das sechste Philharmonische Konzert als Gedächtnisfeier für den Entschlafenen. Das Programm enthielt Worte der Klage von Gerhart Hauptmann um das „herrliche Musikphänomen Arthur Nikisch".

Die „goldenen" Zwanziger Jahre

Furtwängler

Wer sollte an die Stelle von Nikisch treten? Eine folgenschwere Entscheidung war zu fällen. Sie lag nicht mehr in den Händen von Hermann Wolff, der 56jährig im Jahre 1902 gestorben war. Für ihn hatte seine Frau, Louise Wolff, die Leitung der Konzertdirektion übernommen. „Königin Louise", wie diese hochbegabte Frau späterhin vielfach genannt wurde, in Wien geboren, vor ihrer Heirat Schauspielerin, zuletzt in Frankfurt a. O., fand sich im Berliner Musikleben schnell zurecht und erwies sich ihrem oft auf Reisen befindlichen Mann als große Stütze, den sie dank ihres musikalischen Urteilsvermögens über alle Berliner Konzertereignisse genau informierte. Mehr als drei Jahrzehnte hat diese außergewöhnliche, kluge und überaus witzige Frau einen dominierenden Einfluß auf die Berliner Musikszene gehabt. Jene in kultureller Hinsicht sicherlich „goldenen" zwanziger Jahre, die auch im Berliner Musikleben unvergeßliche Höhepunkte brachten, sind mit von ihr geformt worden.

Louise Wolff fiel die Entscheidung über die Nachfolge Nikischs zu; selbstverständlich mußte ihr Entschluß, wie auch zuvor, die Billigung des sich selbst verwaltenden Berliner Philharmonischen Orchesters erhalten, das sich inzwischen aus praktischen Gründen in eine „Gesellschaft mit beschränkter Haftung" verwandelt hatte, ohne daß hierdurch die „Orchesterrepublik" irgendwie berührt worden wäre. – In der Presse wurden viele Namen genannt. Auch der Name Wilhelm Furtwänglers tauchte auf, der, jung an Jahren, von Max von Schillings, dem Intendanten der Berliner Staatsoper, an die Spitze der Staatskapelle berufen worden war und auch bereits Konzerte mit den Berliner Philharmonikern dirigiert hatte. Furtwänglers kometenhafter Aufstieg vom Korrepititor in Breslau über den Chordirektor in Zürich und München zum Opernkapellmeister unter Pfitzner in Straßburg, dann zum Generalmusikdirektor in Lübeck und Mannheim, seine Ernennung zum Nachfolger von Richard Strauss als Leiter der Konzerte des Staatsopernorchesters, wie auch der berühmten Museumskonzerte in Frankfurt a. M., hatte überall große Bewunderung und Beachtung erregt. Furtwängler galt als großartigste Nachwuchsbegabung, als ausgeprägte Persönlichkeit, als Musiker, dem der Weg zum Weltruhm offenstand. Trotz seiner vertraglichen Bindung an die Oper bot sich Furtwängler Louise Wolff als Nachfolger Nikischs an, erklärte, daß er sicherlich schnell von der Oper freikommen könne und so gab es kein weiteres Suchen mehr: der richtige Mann war gefunden. Die Philharmoniker stimmten einhellig zu.Erstes Philharmonisches Konzert unter Furtwängler: 9. Oktober 1922.

Furtwängler, der auch in Wien zuerst als Leiter der Konzerte des Wiener Tonkünstlerorchesters und 1921 durch seine Ernennung zum Konzertdirektor der Gesellschaft der Musikfreunde bekannt geworden war, übernahm die Berliner Philharmoniker in einer Zeit großer Wandlungen. Deutschland hatte den ersten Weltkrieg verloren, die Monarchie war durch die Republik abgelöst, ohne daß sich der republikanische Gedanke vollauf durchgesetzt hatte. Es gärte in allen Teilen der Bevölkerung, vor allem im bürgerlichen Mittelstand, der durch steigende Inflation und anschließende völlige Geldentwertung besonders in Mitleidenschaft gezogen wurde. Die geistigen und sozialen Auswirkungen der russischen Revolution waren überall spürbar, Masse contra Individuum, Diktatur des Proletariats contra freiheitliche Demokratie, eine Parole jagte die andere. Wenn es auch in Deutschland nicht (oder noch nicht) zu einem weiteren Umsturz gekommen war, so wurden doch mit Beginn der zwanziger Jahre Zeichen innerer Zerrissenheit, Tendenzen zu „neuen Ufern“ überall deutlich.

Auch in der Musik waren die Dinge in Bewegung geraten. Noch überragten Richard Strauss, dessen „Frau ohne Schatten“ Jahre zuvor einen tiefen Eindruck hinterlassen hatte, und Hans Pfitzner, der Komponist der Oper „Palestrina“, die von Bruno Walter 1917 in München uraufgeführt worden war und noch immer zu den bedeutendsten Schöpfungen der Musikbühne zählt. Doch nun tauchten neue Namen auf, der junge Hindemith, Ernst Krenek, Kurt Weill traten in den Vordergrund, aus Wien wurde vor allem der Namen von Arnold Schönberg bekannt, Interpreten der jüngeren Generation setzten sich für Stravinsky und Bartók ein, Berlin, nunmehr Hauptstadt eines freiheitlich-demokratischen Deutschlands, stets weltoffen, gegenwartsnah und dem Zukünftigen hingeneigt, erwies sich als ein idealer Mittelpunkt für den unvermeidlichen Zusammenprall zwischen Tradition und Revolution. Zur Tradition gehörten die repräsentativen Philharmonischen Konzerte, die sich bis zum Ableben von Nikisch verständlicherweise in alten Bahnen bewegt hatten. Würde der sechsunddreißigjährige Furtwängler eine Wende herbeiführen?

Wer in dem Nachfolger Nikischs einen „Neuerer“ erwartet hatte, sah sich getäuscht. Furtwängler, Sohn eines berühmten Archäologen, 1886 geboren, in jungen Jahren von seinem großen Mentor, Ludwig Curtius, mit den ewigen Werken der italienischen Kunst vertraut gemacht, von seinem anderen Freund Walter Riezler wissenschaftlich vorbereitet, musikalisch von anerkannt konservativen Lehrern, wie Josef Rheinberger und Max v. Schillings ausgebildet, war von Jugend an im Erhabenen verwurzelt. Sein kompositorisches Vorbild erblickte Furtwängler in Beethoven, dessen späte Quartette Gegenstand intensiven Studiums des Sechzehnjährigen wurden, der, wie sein Vorgänger, vom Schulunterricht Dispens erhielt, um sich ganz der Musik, vor allem der Komposition, zu widmen. Seine überragende Opernerlebnisse verdankte Furtwängler den Werken von Richard Wagner, zu denen ihn Schillings führte und die er im Verlauf seiner steilen Dirigentenkarriere oft genug als jugendlicher Kapellmeister leitete. Frühzeitig beschäftigte er sich mit dem Werk Anton Bruckners, dessen dritte Symphonie er schon nach Beendigung seiner Studienzeit dirigierte. Das Erlebnis dieser tief im Religiösen verwurzelten Musik, die so oft gerade jungen Menschen schwer zugänglich ist, erlaubt Rückschlüsse auf den jungen Furtwängler, für den nach den Worten Max von Schillings nur „Höchstes und Heiligstes" Gültigkeit besaß. Furtwänglers erste Komposition, deren Rohentwurf er sogleich seinem Lehrer vorgelegt hatte, war ein „Tedeum", ein Werk, das auch heute noch bewegt und den geistig-seelischen Ursprung erkennen läßt, der für ihn Zeit seines Lebens bestimmend blieb. „Das Kind, der Vater des Mannes", Furtwänglers Herkunft, Kindheit und Jünglingsjahre, lassen den Weg deutlich erkennen, den der neue Leiter des Berliner Philharmonischen Orchesters beschreiten würde.

So tritt mit Nikischs Nachfolger ein der Musik idealistisch verbundener Dirigent an die Spitze der Philharmoniker. Seine Konzerte stellt er in den Dienst des Ewigkeitswertes der Musik, den seinen Musikern und Zuhörern nahezubringen ihm höchste Aufgabe und Verpflichtung bedeutet. Der junge Furtwängler ist erfüllt von der Heiligkeit seiner Mission. Seine Gabe, sich in das Werk eines anderen hineinzuleben, es, wie er einmal als Dreiunddreißigjähriger gesagt hat, „als ein gewachsenes Stück Natur, etwas Einmaliges, als das künstlerische und menschliche Glaubensbekenntnis des Autors ohne allzu persönliche und eigenmächtige Pointierung zum Ausdruck zu bringen", ist außerordentlich, mit der ratio kaum erklärbar, darum wahrhaft „kongenial". Furtwängler fühlt sich in erster Linie zum Komponisten berufen. Kein Wunder, daß er an ein von ihm zu dirigierendes Werk vom Standpunkt des schaffenden Künstlers herantritt, in fast geheimnisvoller Weise den Vorgang des Komponierens in das fertige Werk überträgt und noch einmal den Prozess seines Werdegangs im Verlauf der Wiedergabe entstehen läßt. Darum bedeutete fast jede Furtwängler-Interpretation eine Neugeburt des Werkes, Neugestaltung aus dem Erlebnis heraus, das in Einzelheiten nicht immer das gleiche war oder sein konnte.

Dennoch glaubte der reife Furtwängler an eine einzig richtige, gültige Interpretation. In einem 1934 – also 15 Jahre später – geschriebenen Aufsatz mit dem bezeichnenden Titel: „Interpretation – eine musikalische Schicksalsfrage“, erörtert er den für ihn allein maßgeblichen Weg. Er vergleicht die Situation des Komponisten mit der des nachschöpferischen Künstlers, deren Ausgangspunkt seiner Ansicht nach grundverschieden ist. Der Komponist kommt aus dem „Nichts“, mit Furtwänglers Worten „sozusagen aus dem Chaos“, sein Werk, das Gestaltwerden der Musik, vollzieht sich von innen nach außen. Der Interpret, der die Vorlage des Komponisten, die in allen Einzelheiten gestaltete Komposition vorfindet, muß den Weg zurück einschlagen, also von außen nach innen vordringen. Seine Aufgabe ist es, aus der Musik, ihrem Themenmaterial und seiner Behandlung, aus den zahllosen Einzelheiten, Gruppierungen, Stimmführungen und vielem mehr, den Schöpfungsprozeß nachzuvollziehen, nachzuerleben, also zum „Chaos“ zurückzukehren. Dieser Weg zurück, der Rückblick auf das „Werdende“, offenbaren dem inneren Auge des Interpreten zwingend die strukturellen wie auch emotionellen Zusammenhänge der Partitur, „eine Vision jenes Ganzen, die den Schöpfer ursprünglich geleitet hat“, so daß es nach Furtwängler nur eine gültige Interpretation geben kann. Diese „Ideal-Interpretation“ aufzufinden, immer auf's Neue zu erringen durch ständiges visionäres Suchen nach dem „Urbild“ des Werkes, durch mystisches Eindringen in Erlebnistiefen einer göttlich-dämonischen Welt, ist Ziel und Lebensinhalt des Dirigenten Wilhelm Furtwängler, der schon in jungen Jahren dank Herkunft, Erziehung, aber auch durch seine langen, meditativen Studien und seiner Hinneigung zur schöpferischen Aussage Bild und Urbild des großen deutschen Musikerbes in sich formt, in reifen Jahren in sich trägt.

Ein Interpret, der sich eine solche Aufgabe stellt, muß von der Musik ergriffen, von ihr in Besitz genommen sein. Furtwänglers Verhältnis zur Musik ist vielleicht am schönsten in einem Erinnerungsbrief seiner früheren Verlobten Bertel an ihre Nichte geschildert worden: „Ich sprach Dir schon von seiner geistigen Reinheit. Das kennzeichnete ihn sehr, denn das war ganz selten und außergewöhnlich. Er ging mit solcher Ehrfurcht und Andacht an alles Wertvolle heran, er hatte das schon ganz früh als Jüngling: eine Frömmigkeit war in ihm allem Großen gegenüber, das zeichnete ihn schon von jung auf als bedeutenden Geist aus. Schon ein Akkord oder ein Absinken vom Fortissimo ins Pianissimo stimmte ihn andächtig. Er war der ehrfürchtigste Musiker, den ich je gehört oder gekannt habe. In dieser ehrfürchtigen Haltung von so hohem Maß liegt die große Bedeutung des produktiven Hörens, die bei ihm so einzig war, sie kommt dem Erschaffungsmoment des Werkes so nah, wie wenn er es zum erstenmal hört oder erstehen ließ.“

Furtwängler hat sich entgegen vielfach geäußerten Ansichten eingehend und in erster Linie mit der Struktur eines jeden von ihm aufzuführenden Werkes beschäftigt. Zahlreiche Analysen, Aufsätze und Schriften zeugen hiervon. Nie vernachlässigte er die Architektur des Ganzen, nach der der Interpret im Gegensatz zu spät-romantischen Vorstellungen zuerst zu fragen habe. Furtwängler war ein Anhänger von Heinrich Schenker, dessen Entdeckung der „Urlinien" der klassischen Meisterwerke von hohem intellektuellem Wert war und sicherlich seine, Furtwänglers, Interpretationen, vor allem in ihrem Aufbau, beeinflußt hat. Aber hierbei ließ er es nicht bewenden. Entscheidend kam es ihm darauf an, wie er einmal sagte, die „Seele des Werkes offen zu legen", das „seelische Geschehen" in der Musik aufzuspüren, in die Urgründe hinabzutauchen, die sich ihm, dem komponierenden Dirigenten, öffneten. Je größer die seelische Intensität der Musik, umso mehr hatte Furtwängler zu geben; je stärker die Ausdrucksgewalt des Werkes, umso großartiger seine Wiedergabe. Wie kaum ein zweiter vermochte er die Erschütterung in der Musik zu deuten, dramatische Spannung bis zum Siedepunkt zu steigern, Klänge von zermalmender Kraft aus dem Orchester zu holen. Aber es gab auch den Freund der Natur, für Furtwängler ein Lebenselixier, der die Musik des Seelensfriedens ausbreitete, ihrer Poesie sich hingab. Die innige Verbundenheit Furtwänglers mit der religiösen Musik offenbart sich in der Aufführung zahlreicher Chorwerke von Bach bis Bruckner, aber auch in einem ausgeprägten Sinn für das Transzendentale in der Musik, das sich nicht nur in Werken rein religiösen Charakters manifestiert.

Zentralpunkt seiner nachschöpferischen Kunst ist Beethoven. Mit Recht hat man Furtwängler als idealen Deuter des „Heroischen" bezeichnet, ihn besonders als Interpreten der „ungeraden" Symphonien Beethovens bewundert. Wie Beethoven geht er im Kämpferischen auf, läßt das Schicksal in der „Fünften" mit wilder Gewalt an die Pforte klopfen, läßt das Herz des Zuhörers mitklopfen, wenn aus den schemenhaften Gebilden des dritten Satzes, wie aus Totenstille, der Augenblick des Triumphes geboren wird, gibt dem Sieg der Menschheitsidee in der „Neunten" überwältigende Ekstatik. Aber gleichgroß ist auch der Furtwängler, der den langsamen Satz derselben Symphonie mit verklärter Innigkeit, einem ins Metaphysische reichenden Espressivo erfüllt, das Naturerlebnis der „Pastorale" mit seinem Schubert'schen Laut kongenial wiedergibt, der auch den anderen damals vernachlässigten Symphonien Beethovens, der meistens an zwei entgegengesetzten symphonischen Werken gleichzeitig arbeitete, den Reichtum seiner interpretativen Kraft leiht. Die „Missa Solemnis" führt Furtwängler nur selten auf, legt sie mehrfach beiseite, fühlt, wie schwer es ist, diesem kaum faßbaren Werk, dem gewaltigsten in Musik gesetzten Dialog eines Menschen mit seinem Gott, nahe zu kommen, bewegendes Zeugnis der Demut eines Großen.

Auf die besondere Affinität Furtwänglers zu Anton Bruckner wurde bereits hingewiesen. Die dem Göttlichen zugewandte Musik des Meisters von St. Florian hat sein ganzes Leben begleitet. Schon mit zwanzig Jahren dirigierte er Bruckners unvollendete „Neunte“, sein erstes Konzert mit dem Berliner Philharmonischen Orchester als Nachfolger Nikischs enthält als Hauptwerk Bruckners „Siebente“. Mit Recht erblickt er in Bruckner den Mystiker; kein Ton dieses Meisters – so Furtwängler in einem Vortrag als Präsident der Bruckner-Gesellschaft – der „durch die ganze Skala menschlicher Empfindung hindurch nicht in wahrer und unmittelbarer Verbindung mit dem Ewigen steht“. – Erst nach eingehendem, jahrelangem Studium entscheidet sich Furtwängler für die umstrittenen, vom Geist der Orgel her instrumentierten Urfassungen.

Im zweiten Philharmonischen Konzert begegnen wir Brahms, dem einstigen Antipoden Bruckners. Furtwängler programmiert als Hauptwerk die zweite Symphonie. Auch zwischen ihm und Brahms besteht jene beglückende Einheit, die zu Sternstunden Furtwänglerscher Interpretationskunst führt. Neben Beethoven erscheint immer wieder Brahms in den philharmonischen Programmen. Mit allen Fasern seines Ichs widmet sich Furtwängler dem klassisch-romantischen Schaffen des dritten großen „B“, wird sein Prophet, an die Bülow-Tradition anknüpfend. Auch Schuberts „Unvollendete“ und die große C-Dur-Symphonie gehören zu seinen Lieblingswerken. Von Schumann bevorzugt er die „Vierte“; ebenso erscheint die erste Symphonie mehrfach im Programm. Selbstverständlich finden die symphonischen Dichtungen von Richard Strauss stärkste Beachtung, ein gleiches gilt für Pfitzner, der fast jede Spielzeit mit einem oder mehreren Werken vertreten ist. Gustav Mahler hat Furtwängler offensichtlich weniger gelegen, obwohl er dessen erste, dritte und vierte Symphonie aufführt, von denen er nur die „Erste“ einmal wiederholt.

Furtwängler und die neue Musik. Als Leiter der Philharmonischen Konzerte hielt er es für seine Pflicht, seine Zuhörer mit der damaligen Gegenwartsmusik vertraut zu machen. Dies war umso wichtiger, als Nikisch in seinen letzten Jahren kaum noch Neues gebracht hatte. Furtwängler zeigt für die „Moderne“ seiner Zeit Verständnis und Einfühlungsvermögen, befriedigte den „Nachholbedarf“ und öffnete internationalen „Neutönern“ (wie man sie heute nennen würde) die Türe. Vor allem nahm er sich der späten Werke Debussys an, dirigierte Honegger, Busoni, Bloch, Jarnach und viele andere Komponisten der Zeit. Die Gefahr, daß die Zuhörer nicht samt und sonders positiv reagieren würden, nahm er bewußt in Kauf. Stravinskys „Skandalstück“ par excellence, „Sacre du Printemps“ wurde auch von Furtwängler programmiert, der vom gleichen Komponisten „Petruschka“, den „Feuervogel“ sowie die neo-klassi-

Wilhelm Furtwängler (1886–1954)

Wilhelm Furtwängler während eines Konzertes

Bruno Walter (1876–1962)

Otto Klemperer (1885–1973)

Yehudi Menuhin (geb. 1916)

Wilhelm Furtwängler während einer Konzertreise (links Sergiu Celibidache)

Wilhelm Furtwängler mit Sigfried Borries (1. Konzertmeister), Wilhelm Posegga (Solo-Cellist) und Walter Müller (Solo-Bratscher)

zistische Ballett-Komposition „Le Baiser de la Fée“ aufführte. Ravel erscheint in den Programmen, Bartok und Prokofieff treten bei ihm als Solisten mit eigenen Werken auf, Hindemith, als „Revolutionär“ verschrieen, findet Eingang in die Philharmonischen Konzerte, und schließlich beschäftigt sich Furtwängler auch mit der nicht-tonalen Musik Arnold Schönbergs, dessen „Fünf Orchesterstücke“, Opus 16, von ihm dirigiert werden. Dann ein Wagnis sondergleichen: Die Uraufführung von Schönbergs erstem Zwölf-Ton-Werk, den noch heute unsagbar schwierigen, von vielen noch immer als klanglich spröde empfundenen Variationen Opus 31. In Erinnerung steht der an Aufruhr grenzende Skandal in der Philharmonie nach dieser „Zwölf-Ton Premiere“. Es ist durchaus zweifelhaft, ob Furtwängler, vor allem in nicht-tonalen Werken, Kompositionen von dauerndem Wert erblickte. Er fühlte sich aber verpflichtet – und hierfür sei ihm auch heute gedankt – seine Zuhörer mit dem bekannt zu machen, was zu jener Zeit komponiert wurde, ohne Rücksicht, ob solche Werke überall Anklang fanden. Der späte Furtwängler ist mit Recht als der große Deuter des deutschen Musikerbes in die Musikgeschichte eingegangen. Der „andere“ Furtwängler, der in jüngeren Jahren sich der zeitgenössischen Musik in großem Umfang widmete, sollte darüber nicht vergessen werden.

Wer Furtwängler erlebt hat, Zeuge seiner Triumphe war, muß zu Superlativen greifen. Furtwängler führte seine Musiker zu neuen, zuvor nicht für möglich gehaltenen Höhen, gestaltete die Philharmonischen Konzerte, aber auch die zahlreichen Reisekonzerte, zu besonderen Ereignissen, wurde vom Publikum umjubelt, verehrt und als höchste Autorität angesehen. Schlank, in aufrechter Haltung, den Kopf ein wenig zurückgebeugt, stand er wie ein Herrscher vor dem Orchester. Niemand im Saal konnte sich seiner gewaltigen Persönlichkeit entziehen. Jedes Orchestermitglied war bestrebt, ihm alles zu geben, „jeder im Orchester spürte, was er wollte“ – dies die Erinnerungsworte eines alten Philharmonikers –, stets gelang es ihm, seine Musiker zu gleichgestimmten Partnern, mit ihm zu überzeugten Kündern musikalischer Größe zu machen, im Orchester eine spannungsgeladene Hingabe im Dienste der Musik zu erzeugen. Hervorragende Künstler befanden sich auch im Ensemble jener Zeit. Voran die beiden Konzertmeister Henry Holst und Simon Goldberg, die später in der ganzen Welt berühmt gewordenen Cellisten Gregor Piatigorsky, Nicolai Graudan und Joseph Schuster, sowie der sagenumwobene Bassist Lebrecht Goedecke. Von prominenten Bläsern seien besonders genannt der unvergessene Flötist Albert Harzer, die Klarinettisten Fischer und Bürkner, der tragisch ums Leben gekommene Fagottist Oskar Rothensteiner, das bewährte Posaunentrio Heidrich, Quante und Wilhelmy. Furtwängler schuf aus ihnen allen eine ihm ergebene, wundersam folgende Einheit, ließ das Orchester stets am Beifall teilnehmen und kämpfte für seinen Bestand, als dunkle Wolken am Horizont aufzogen.

Furtwänglers ureigener Interpretationsstil hat seine Zeit maßgeblich beeinflußt, auch wenn es an kritischen Stimmen nicht fehlte. Es ist ihm, vornehmlich im Ausland, allzu große Subjektivität vorgeworfen worden, man hat ein einheitliches Tempo vermißt und ihn als „Über-Romantiker" bezeichnet, der mit seiner espressiven Darstellungskunst selbst vor Bach nicht halt gemacht habe. Furtwängler hat seine Interpretationen immer wieder mit dem Wort verteidigt und sich geradezu leidenschaftlich mit kritischen Bemerkungen auseinandergesetzt. Es ist hier nicht der Platz, auf das in seiner Problematik auch zeitbedingte Verhältnis zwischen Komponist und Interpret im einzelnen einzugehen. Eins ist sicher: Es gibt keine vollständige Interpretation, aus der nicht das „Ich" des nachschöpferischen Künstlers, sein eigenes Temperament, sein eigenes lyrisches Vermögen, sein Eigenerlebnis der Musik, hervorleuchten. Dem Werk und den Intentionen des Komponisten zu dienen, sie zu erfüllen, ist selbstverständliche Pflicht des „Anderen". Aber welches sind die Intentionen, besonders von Komponisten, die nicht mehr am Leben sind? Keine Niederschrift eines Musikwerkes, mag sie noch so viele Angaben im einzelnen enthalten, läßt den Willen des Autors genau erkennen. Was heißt „piano" oder „forte", von denen es viele Arten gibt, was bedeutet „crescendo" oder „decrescendo", die sich völlig verschiedenartig ausführen lassen? Und wie steht es mit dem Tempo? Wissen wir nicht von dirigierenden Komponisten, daß sie oftmals eigene Werke in einem anderen als dem von ihnen selbst vorgeschriebenen Tempo aufgeführt haben? Schon diese wenigen Hinweise zeigen, daß das Notenbild keine klare Erkenntnis vermittelt (und auch nicht vermitteln kann) von dem, was dem Autor vorschwebt.

So muß sich der Interpret eigene Gedanken machen. Sicherlich darf er sich niemals bewußt über den Komponisten stellen, ihn nach dem Satz „hier irrt Goethe" korrigieren oder umdeuten. Aber wie ein Berg fast immer nicht nur von einer Seite erklommen werden kann, so wird der Zugang zu einem Musikwerk ebenfalls auf verschiedenen Wegen möglich sein, vorausgesetzt, daß er von einem kongenialen Interpreten betreten und zu Ende beschritten wird. Daß dieser den von ihm eingeschlagenen Weg als den einzig richtigen betrachtet, ist sein gutes Recht, Teil seiner Größe. Niemand wird diese Größe Furtwängler absprechen, dessen überragende Stellung für die Geschichte des Berliner Philharmonischen Orchesters unbestritten bleibt und über dessen tragische Bedeutung für die kommenden Jahrzehnte noch zu berichten sein wird.

Weitere Dirigenten der Zwanziger Jahre

Bruno Walter

Lord d' Abernon, englischer Botschafter im Berlin der zwanziger Jahre, hat in seinen Erinnerungen das damalige Kulturleben der Reichshauptstadt als einzigartig und unwiederholbar bezeichnet. Wer könnte ihm widersprechen, wenn man an die Theaterszene jener Jahre, an Namen wie Max Reinhardt, Leopold Jessner, Jürgen Fehling und viele andere denkt, sich auf dem Gebiet der bildenden Kunst Max Liebermann, Emil Orlik, Max Slevogt, Eugen Spiro in das Gedächtnis zurückruft, an das fast sagenhaft reiche Opernleben (Berlin besaß zeitweise vier Opernhäuser!) erinnert. Es versteht sich fast von selbst, daß die Konzerte des Berliner Philharmonischen Orchesters einen integralen Bestandteil jener kulturellen Hochzeit darstellten, von der noch lange gesprochen werden wird.

Nach wie vor standen die repräsentativen zehn Philharmonischen Konzerte im Vordergrund des musikalischen Interesses; sie wurden durch Konzerte unter Gastdirigenten und zahlreiche populäre Konzerte ergänzt. „Königin Louise“ erkannte alsbald, daß die Zeit für eine weitere Konzertreihe reif sei. Mit ihrem untrüglichen Gespür für echte Größe lud sie Bruno Walter, der zehn Jahre die Münchener Oper geleitet hatte und während dieser Zeit bereits Gast bei den Philharmonikern gewesen war, zu einem, sechs Doppelkonzerte umfassenden Zyklus ein. Zehn Jahre haben sich diese „Bruno Walter-Konzerte“, die noch während der Nikisch-Ära ihren Anfang nahmen, größter Beliebtheit erfreut, bis sie durch die Nazis ihr Ende fanden. Bruno Walter, gebürtiger Berliner, der am Stern'schen Konservatorium studiert und bereits mit 13 Jahren als Solist das Klavierkonzert Es-Dur von Moscheles mit den Philharmonikern gespielt hatte, kam, wie es üblich war, von der Oper, erfreute sich der Förderung Gustav Mahlers und hatte schließlich in Wien mit einer Aufführung von Verdis „Maskenball“ den Durchbruch erzielt. Er war ein überaus sensitiver Musiker, besonders empfänglich für jede lyrische Einzelheit, der er sich vor allem in jungen Jahren mit verzehrender, seine Gesundheit gefährdender Intensität hingab. Es wäre aber unrichtig, in ihm lediglich einen Lyriker zu sehen. Bruno Walter besaß ein feuriges Temperament, einen ungewöhnlichen Sinn für dramatische Spannung und hatte insbesondere als „Carmen“- und „Aida“-Dirigent Berühmtheit erlangt. Schon mit zwanzig Jahren beherrschte er das ganze Opernrepertoir, leitete mit dreiundzwanzig Jahren als dritter Kapellmeister an der Königlichen Staatsoper, Berlin, den „Ring“, wo er sich neben

Carl Muck und Richard Strauss behaupten mußte. Später setzte er sich auf dem Konzertpodium durch (auch mit Kammermusikabenden), wurde schnell international bekannt und trat – zehn Jahre älter als Furtwängler, dem er mehrfach beim Aufbau seiner, Furtwänglers, Karriere zur Seite stand – als gereifter Dirigent an das Pult der Philharmoniker, mit denen er viele erinnerungswürdige Konzerte gab.

Walter erblickte in der Musik eine moralisch-ethische Kraft, die aufzudekken wichtigste und vornehmste Aufgabe des Interpreten sei. Er wies darauf hin, daß besonders in der Oper die Musik geradezu Partei nähme für das „Gute", daß Beethoven größere Musik für „Leonore" und „Florestan" als für Pizarro geschrieben, Mozart bedeutendere Einfälle für „Pamina" und „Tamino" als für die „Königin der Nacht" gefunden habe. Gern zitierte er den Ausspruch Richard Wagners: „Ich kann den Geist der Musik nicht anders fassen als in der Liebe." In späteren Jahren wurde Bruno Walter, vor allem in Amerika, als der Dirigent der Menschlichkeit gefeiert. Er besaß die Gabe, an das Gute im Menschen zu appellieren, vermochte fast immer aus seinen Orchestermitgliedern, die er als Partner betrachtete, die größtmögliche Leistung herauszuholen. Von seiner starken Persönlichkeit ging eine inspirierende Leuchtkraft aus, aber stets spürte man in ihm auch den beredten Anwalt des Komponisten, dessen Sache er sich zur eigenen machte.

Die Tiefe seines Gefühls ließ ihn zum idealen Interpreten von Schumann und Weber werden, sein ausgeprägter Sinn für Schönheit und Harmonie haben ihm den Ruf eines unvergleichlichen Mozart-Dirigenten eingetragen, seine dramatische Intensität führte ihn zur „Eroica", zur „Neunten", seine, von keinem übertroffene Empfindungskraft, zu Gustav Mahler, dem großen Freund, der ihm die Uraufführung seiner letzten nachgelassenen Werke, „Das Lied von der Erde" und die neunte Symphonie, anvertraute. – Auch in den „Bruno Walter-Konzerten" taucht der Name von Mahler immer wieder auf; ein Jahrzehnt hindurch setzt er sich für dessen damals fast bestürzende, kaum faßliche, teils Widerspruch, teils völlige Ablehnung erzeugende Musik ein, gibt ihr, fest vom bleibenden Wert des Mahler'schen Schaffens überzeugt, authentische, aufrüttelnde Aufführungen. Höhepunkt: „Das Lied von der Erde" in wiederholten Wiedergaben mit Mme. Charles Cahier und Jacques Urlus. – Ganze Abende waren Mozart gewidmet, eine zu jener Zeit unübliche Programmgestaltung. Nicht nur der geniale Dramatiker – Walter hat einmal Mozart als den „Shakespeare der Oper" bezeichnet – sondern auch der Symphoniker mit seinem stets von der Eigenschönheit der Musik geprägten Ausdrucksreichtum mußten in dem sensiblen, von der harmonischen Eigenbedeutung des Tons überzeugten Bruno Walter einen gleichgestimmten Interpreten finden. Seine Zuneigung zu Mozart, sein wachsender Ruhm als Mozart-Interpret, bedeuteten jedoch keineswegs eine Vernachlässigung der Werke von Haydn, Schubert, Brahms und vor allem von Beethoven, den er bei einer Feier anläßlich des hundertjährigen Todestages als den „ersten Sündenfall in der Musik“ nannte, um anschließend die „Eroica“ zu dirigieren, jenen großen Einbruch des „Subjektiv-Menschlichen“ in der Geschichte der Symphonie. Bruckner fehlt in Walters Programmen. In seinen Erinnerungen erzählt er, wie er erst verhältnismäßig spät zu den Symphonien des Meisters von St. Florian kam, für den er später in den Staaten geworben hat, wie kein anderer Dirigent seiner Generation.

Bruno Walter hat auch zeitgenössische Musik in seine Berliner Programme aufgenommen. Die erste Symphonie von Shostakovich, noch immer ein Geniestreich, fand ihre Premiere unter Walter, die „Erste“ von Prokofieff, die sogenannte „klassische Symphonie“, erscheint erstmalig in Walters Programm, ein Gleiches gilt von Stravinskys „Chant du Rossignol“, Janáčecks „Taras Bulba“, Blochs Concerto Grosso, sowie von Kompositionen von Krenek, Lopatnikoff, Gräner u. a. – Bela Bartók und Serge Rachmaninoff traten mit eigenen Werken als Solisten unter seiner Stabführung auf.

Otto Klemperer und andere Gastdirigenten

Die Vielfalt des Berliner Musiklebens der zwanziger Jahre wird durch das Auftreten zahlreicher Gastdirigenten von Rang unterstrichen. Es versteht sich, daß führende Komponisten der Zeit, vor allem Richard Strauss, Hans Pfitzner, Franz Schreker, aber auch Maurice Ravel vor den Berliner Philharmonikern standen. Von anderen Gastdirigenten ist an erster Stelle Otto Klemperer zu nennen, der bereits 1921 Schönbergs „Verklärte Nacht“ und „Pelleas und Melisande“ dirigierte und sich wenige Jahre später mit einem klassischen „Bülow“-Programm, das drei Symphonien (Haydn-Mozart-Beethoven) enthielt, in der Philharmonie als Dirigent der allerersten Klasse erwies. Seine Interpretationsweise stand im stärksten Gegensatz zu dem espressiven, von tiefer Erlebnisfülle zeugenden Aufführungsstil eines Furtwängler oder Bruno Walter. Klemperer, auch er eine „Herrschernatur“, war ein Dirigent von betonter, aber grandioser Sachlichkeit, dem es vor allem auf Struktur und Aufbau ankam, der bewußt auf Nuancierungen verzichtete, einer Art „Schwarz-Weiß-Malerei“ den Vorzug gab und Furtwänglerischer Glut eigene Härte, aber auch Monumentalität gegenüberstellte. Klemperer duldete keine auch noch so geringe Tempoabweichung, wenn sie nicht vom Komponisten ausdrücklich vorgeschrieben war, zeigte sich jedem nicht besonders angezeigten „espressivo“ unerbittlich ablehnend gegenüber und wirkte anfangs geradezu wie ein Fremdkörper in jener, vom Ausdruckswillen beherrschten Interpretationsepoche. Aber auch Klemperers Gegner konnten ihm Größe und Überlegenheit nicht absprechen. Jahraus, jahrein erschien er am Pult der Philharmoniker, leitete 1924/25 einen eigenen Konzertzyklus, dirigierte Bach, Beethoven, Bruckner, warb, insbesondere später auch als Leiter der Kroll-Oper, für Stravinsky, Weill, Hindemith und andere zeitgenössische Komponisten; er übernahm Anfang der dreißiger Jahre als Nachfolger von Siegfried Ochs den Philharmonischen Chor, bis er Deutschland verließ.

Von der Vielzahl verdienstvoller Gastdirigenten wurde bereits zuvor Oskar Fried genannt, dessen Gegenüberstellung von Stravinskys „Sacre“ und Beethovens „Neunte“ großes Aufsehen erregte und der als leidenschaftlicher Verfechter der Moderne dem Berliner Musikleben immer wieder neue Impulse gab. Starken Eindruck hinterließ Erich Kleiber, der mit 33 Jahren Generalmusikdirektor der Berliner Staatsoper wurde (unvergessen die von ihm geleitete Uraufführung von Bergs „Wozzeck“) und verschiedentlich die Philharmoniker, darunter in einem eigenen Konzertzyklus 1932/33, dirigierte. Seine mitreißende Vitalität, seine österreichische Musizierfreude bewährten sich in zahlreichen unkonventionellen Programmen. Dankenswert sein Mut, Stravinskys „Sacre“ Ende 1934 noch einmal aufzuführen.

Mit der Nennung dieser Namen soll keineswegs das allseitig anerkannte Wirken der Gastdirigenten der „alten“ Garde, vor allem Felix Weingartners, Max Fiedlers, Fritz Steinbachs u. a. geschmälert werden; ein Gleiches gilt von den damals jüngeren Dirigenten, unter ihnen Carl Schuricht, dem bereits erwähnten Hermann Scherchen, Klaus Pringsheim, der als erster einen Mahler-Zyklus veranstaltete, Selmar Meyrowitz, Issaye Dobrowen und Fritz Busch, der ursprünglich 1929 das Debut-Konzert von Yehudi Menuhin dirigieren sollte, aber aus Krankheitsgründen absagen mußte.

Die dunklen „Dreißiger Jahre“

Noch ist die liberal-bürgerliche Welt heil, Berlin weiterhin kulturelles Zentrum Europas. Aber die wirtschaftlichen Sorgen und Probleme mehren sich. Die Weltwirtschaftskrise, deren Vorbote der New Yorker Börsensturz vom Oktober 1929 war, erschüttert in Deutschland Banken und Industrie, verursacht zunehmende Arbeitslosigkeit und wirkt sich auch katastrophal für den Mittelstand aus, der durch die vorangegangenen Jahre der Inflation besonders in Mitleidenschaft gezogen worden war. Das Berliner Philharmonische Orchester gerät erneut in finanzielle Schwierigkeiten. Öffentliche Zuschüsse von Dauer sind notwendig. Die Stadt Berlin, das deutsche Reich und der Berliner Rundfunk übernehmen Garantien, erhalten eine starke Vertretung im Aufsichtsrat der „Berliner Philharmonische Orchester GmbH“, das Orchester verpflichtet sich, eine Reihe von Volks-Symphoniekonzerten, Schulkonzerten, Chor- und Kammerkonzerten zu geben, ohne jedoch seine Selbständigkeit einzubüßen. Diese Lösung ist ein Triumph Furtwänglers und seiner Berliner Philharmoniker in schwerster Zeit. Mit all seiner Eloquenz setzt er sich für den gesicherten Fortbestand des Orchesters ein, verlangt kompromißlose Beibehaltung des höchsten Niveaus, preist die „kleine Republik“, die das Orchester bildet, und die Tatsache, daß sich jedes Orchestermitglied nicht nur als Gehaltsempfänger, sondern als mitverantwortlicher Künstler fühlt. Voll Lobes weist er auf die Fähigkeit der Philharmoniker zur Improvisation hin, die größer sei, als die anderer Klangkörper, und der er „für jegliches Musizieren den größten Wert“ beimesse. Zuvor feiert das Orchester mit Furtwängler an der Spitze seinen fünfzigsten Geburtstag. Zwei bedeutungsvolle Programme: Am 14./15. April 1932 folgt der H-Moll Suite von Bach (Solist: Albert Harzer) eine Hindemith-Uraufführung: „Philharmonisches Konzert“, Variationen für Orchester, eine Komposition die Hindemith für diesen festlichen Anlaß schrieb, und als Hauptwerk die „Siebente“ von Bruckner, mit der Furtwängler zehn Jahre zuvor seine Tätigkeit als Nachfolger Nikischs begonnen hatte. Das zweite Konzert am 17./18. April bringt Beethovens „Neunte“ mit Ria Ginster, Frieda Dierolf, Helge Roswaenge und Rudolf Bockelmann als Solisten. Neun Monate später übernimmt Adolf Hitler die Macht.

Sehr bald darf Bruno Walter in Berlin nicht mehr dirigieren und verläßt Deutschland. Ihm folgen in kurzen Abständen Klemperer, Kleiber und schließlich Leo Blech, der, zuerst von Göring gehalten, bei jedem Erscheinen derartig demonstrativ beklatscht wurde, daß man auch ihm jede Tätigkeit untersagte; große Solisten, unter ihnen Schnabel, Kreisler, Menuhin, Huberman, treten in

Berlin nicht mehr auf. Mendelssohn und Mahler werden „verboten". Aus dem Orchester scheiden sehr bald Goldberg, Graudan und Schuster aus. Wie reagiert Furtwängler? Er setzt durch, daß der Arierparagraph für die Philharmoniker nicht angewandt wird. Aber dies gelingt nur für kurze Zeit, er lädt jüdische Solisten ein, mit ihm in Berlin zu musizieren, und erhält von ihnen eine Absage. Er schreibt schließlich an Goebbels einen offenen Brief, in dem er im Namen der deutschen Kunst an ihn appelliert, „damit nicht Dinge geschehen, die vielleicht nicht mehr gutzumachen sind". Er verlangt, daß Männer wie Walter, Klemperer, Max Reinhardt und andere auch in Zukunft in Deutschland mit ihrer Kunst zu Worte kommen müssen. – In seinen Konzerten vom 11./12. Februar 1934 führt er Mendelssohns „Musik zum Sommernachtstraum" auf, einen Monat später dirigiert er die Premiere von Hindemiths Symphonie „Mathis der Maler" und erringt einen bedeutenden Sieg für den von den Nazis wiederholt angegriffenen Komponisten, dessen Musik mit der anderer „Neutöner" als „entartet" bezeichnet wird. Furtwängler geht zum Angriff über; sein Gewissen läßt nicht zu, daß ein Mann von den Qualitäten eines Hindemith öffentlich diffamiert wird. In einem Artikel, den er mit dem Titel „Der Fall Hindemith" in der „Deutschen Allgemeinen Zeitung" vom 25. November 1934 veröffentlicht, verteidigt er Hindemith, auf den man nicht verzichten könne, gibt ein höchst objektives Bild der Entwicklung dieses Komponisten, ohne alle seine Werke zu billigen, und spricht von „gewissen Kreisen", die einen Kampf gegen diesen größten deutschen Komponisten eröffnet haben, der nicht mehr „tragbar" sei. Die „gewissen Kreise" fühlen sich angesprochen und getroffen. Goebbels reagiert hart und fordert Unterwerfung unter das Parteiprogramm. Wochen darauf kommt es zum „Rücktritt" Furtwänglers von allen seinen Positionen. Man glaubt, ohne ihn auskommen zu können. Der Bruch scheint endgültig, die Verblüffung in Berlin ist ungeheuer, aber die Machtfülle der Nazis offensichtlich so groß, daß es keine öffentlichen Proteste gegen diesen ungeheuerlichen Akt der Selbstverarmung gibt. Furtwängler selbst fühlt sich erleichtert, will die freie Zeit zum Komponieren nützen und denkt an einen sofortigen Besuch in Ägypten bei einem Freund, der ihn eingeladen hat (ein Besuch, der aber erst 1936 stattfindet). Auch dort will er komponieren und eventuell reiten.

Aber es geht ohne ihn nicht; überdies ist Furtwänglers innere Verbindung mit seinem Orchester viel zu stark, um es zu einem endgültigen Bruch kommen zu lassen. Im April 1935, vier Monate nach der „Entlassung", kehrt er in die Philharmonie zurück, vom amtlichen und nichtamtlichen Berlin stürmisch begrüßt. Der Frieden ist äußerlich wiederhergestellt. Die Programme der nächsten Jahre bleiben konventionell mit zwei Ausnahmen: in den Konzerten am 30./31.

Januar 1938 führt Furtwängler Bartóks Meisterwerk „Musik für Saiteninstrumente, Schlagzeug und Celesta" erstmalig auf und verschafft dem im „Dritten Reich" wenig beliebten ungarischen Komponisten Gehör. Im Dezember des gleichen Jahres findet man Stravinskys „Le Baiser de la Fée" im Programm. Die Berliner reagieren, wie auch bei wenigen anderen Aufführungen moderner Musik, mit demonstrativem Jubel. – Während des zweiten Weltkrieges sind solche „Eskapaden" nicht mehr zu erwarten.

Es ist müßig, den alten Streit zu entfachen, ob Furtwängler richtig gehandelt hat, als er in Deutschland blieb und sich der „inneren" Emigration anschloß. Sicherlich hätte es dem „Image" des „anderen" Deutschland überaus geholfen, wäre Furtwängler, wie es so viele taten, aus seiner Heimat fortgegangen. Für das Orchester, dessen finanzielle Sicherstellung bereits durch Verordnung vom 23. Oktober 1933 dem Reich, also den Nazis, übertragen war, bedeutete das Verbleiben Furtwänglers eine außerordentliche moralische Stütze, hat bestimmt größeren Schaden abgewendet und alle diejenigen ermutigt, denen die Möglichkeit einer Auswanderung nicht gegeben war. Am 22. Januar 1945 dirigierte er sein letztes Konzert mit den Philharmonikern vor Kriegsende. Ein Jahr zuvor war die alte Philharmonie durch Bombenangriffe zerstört worden.

Die Jahre des Wiederaufbaus

Berlin lag in Trümmern. Hunderttausende hatten die Stadt verlassen, Zehntausende den Tod gefunden, aber das Berliner Philharmonische Orchester überlebte. Am 15. April 1945 dirigierte Robert Heger das letzte Konzert der Philharmoniker vor Kriegsende. Rund einen Monat später, am 26. Mai, fand das erste Nachkriegskonzert unter Leitung von Leo Borchard in einem früheren Kino, dem Titania-Palast in Steglitz, statt, dem einzigen erhalten gebliebenen und dafür einigermaßen geeigneten Saal. Fast möchte man von einem Wunder sprechen. Nur eine in sich festgefügte, vom Ungeist der Nazis innerlich unberührt gebliebene „Orchesterrepublik“ konnte eine solche Katastrophe in so kurzer Zeit bewältigen. Fast war es selbstverständlich, daß der Orchestervorstand, der stets die Hauptverantwortung getragen hatte, zum Sammelpunkt für alle Philharmoniker wurde. Alte Orchestermitglieder berichten, wie man teilweise zu Fuß, teilweise per Rad zueinander und später zu Proben und Konzerten gelangte, wie bescheiden die Anfänge waren, wie man während der Wintermonate hungernd und frierend musizieren mußte, aber wie groß auch das Glücksgefühl war, vor einem selbst frierenden, jedoch ungeheuer begeisterten Publikum nun ohne Verbote das spielen zu können, was man wollte. Borchard eröffnete sein Konzert mit Mendelssohn; daß hierfür die Stimmen sofort zur Stelle waren, verdanken die Philharmoniker ihrem Archivar Walther Thiele, der entgegen den Anordnungen der Machthaber des Dritten Reiches das gesamte Notenmaterial von Mendelssohn und anderen verbotenen Komponisten heimlich verwahrte. – Im Sommer 1945 veranstalteten die Philharmoniker auch Abendkonzerte im Freien und bereiteten sich für die kommende Spielzeit vor, als Leo Borchard von einem Besatzungssoldaten versehentlich erschossen wurde. Wer sollte das auf sich selbst gestellte, von der Welt damals abgeschnittene Orchester dirigieren?

Schon am 29. August steht Sergiu Celibidache, ein dreiunddreißigjähriger rumänischer Musiker, vor dem Berliner Philharmonischen Orchester. Wiederum hatten die Philharmoniker mit ausgezeichnetem Gespür für ungewöhnliche Begabungen einen Volltreffer erzielt. Celibidache, der an der Berliner Musikhochschule bei Heinz Thiessen und Walter Gmeindl studiert hatte, ging der Ruf eines außerordentlich begabten Musikers voraus, der sich auch auf anderen Gebieten, wie Mathematik und Philosophie, hervorgetan hatte. Sicherlich fehlte es ihm an dirigentischer Erfahrung. Aber auch in seinem Falle zeigte sich, daß Erfahrung kein Talent, aber Talent Erfahrung erzeugt. Schnell, fast unheimlich schnell, wuchs Celibidache in seine Aufgabe hinein. Sein hervorragendes Gehör, seine Gabe, sich auch komplizierte Partituren in kürzester Zeit anzueignen, vor allem aber seine erstaunliche Persönlichkeitswirkung, verschafften ihm Autorität bei einem Orchester, das an die größten Dirigenten der Welt gewöhnt war. Celibidache, Perfektionist par excellence, dirigierte mit dem ihm anfangs bedingungslos folgenden Orchester Konzerte von hohem Niveau, hat sich während seiner verhältnismäßig kurzen Amtszeit um die Berliner Philharmoniker verdient gemacht, deren Geschichte ohne ein Eingehen auf seine Tätigkeit unvollständig wäre. Celibidaches besonderes Verdienst bestand auch in dem teilweise neuen Repertoire, das er einstudierte. Wie viele Werke waren inzwischen entstanden, die infolge der Nazi-Willkür nicht gespielt werden durften? Der junge rumänische Dirigent machte die Berliner mit Kompositionen von Shostakovich, Britten, Honegger, Bartók, Milhaud und einer Reihe von amerikanischen Komponisten bekannt, widmete sich im besonderen Debussy, Ravel und Stravinsky, von dem er u. a. die „Psalmensymphonie“, den „Feuervogel“ sowie „Jeu de Cartes“ programmierte. Natürlich nahm sich der rumänische Dirigent auch des deutschen Repertoires an. Daß seine Interpretationen von denen Furtwänglers erheblich abwichen, verwunderte nicht. Hier betrat er Neuland, vermochte sich dennoch durchzusetzen durch Temperament und Präzision sowie durch Geschlossenheit des Aufbaus und der Ensemblearbeit.

Zu Celibidache gesellten sich allmählich Gastdirigenten aus dem In- und Ausland, unter ihnen Cluytens und Solti sowie die alt-bewährten Eugen Jochum, Karl Böhm und Hans Knappertsbusch, die schon zuvor die Philharmoniker oftmals dirigiert hatten und nun nach der ehemaligen Reichshauptstadt zurückkehrten. Aber es gab noch einen anderen, der zurückkam: Wilhelm Furtwängler. Pfingsten 1947 dirigierte er, nun über 60 Jahre alt, einen Beethovenabend. Es muß ein Fest besonderer Art, ein emotionell unvergeßliches Ereignis, gewesen sein. Seine interpretative Vitalität war ungebrochen, seine Wiedergaben waren nach wie vor „furtwänglerisch“ im besten Sinne des Wortes. Vier Monate später kommt er wieder, führt Hindemiths „Metamorphosen“ auf („Don Juan“ und Brahms II. sind die anderen Programmwerke) und bringt zwei Wochen später Yehudi Menuhin als Solist mit dem Beethoven-Konzert. Die Berliner haben Yehudi Menuhin sein damaliges Auftreten nicht vergessen. Die Hand, die er zwei Jahre nach Ende des Weltkrieges ausstreckte, war die eines echten Musikers, der in der Versöhnung, in der Harmonie den wahren Endzweck der Musik erblickt. Ein Jahr darauf spielte Menuhin das Bartók-Konzert unter Leopold Ludwig und tritt im Mai 1952 noch einmal unter Furtwängler auf.

Auch ein anderer Großer findet den Weg zurück nach Berlin. Am 25. September 1950 dirigiert der vierundsiebzigjährige Bruno Walter in seiner Vaterstadt ein Beethoven-Mozart-Strauss-Brahms-Konzert. Er schreibt, daß dieses

Konzert „in seinem an großen Eindrücken nicht armen Leben einen Höhepunkt musikalischer Erfüllung und an Wärme der menschlichen Atmosphäre bedeutet". Weder von dem herrlichen Spiel der Berliner Philharmoniker noch von der Liebe und Begeisterung des Publikums könne er mit Worten einen Begriff geben. Einige Jahre später wollte er noch einmal in Berlin dirigieren; ein Herzanfall ließ es geraten erscheinen, seine geplante Europareise abzusagen. – Auch Otto Klemperer kehrt zurück. Schon 1948 dirigiert er als Hauptwerk Mahlers „Vierte", kommt mehrfach wieder und hat noch in späten Jahren das Orchester in der neuen Philharmonie geleitet. Ein weiterer Freund aus alten Zeiten ist Paul Hindemith, der viele Jahre an der Hochschule für Musik gelehrt hatte und nun von 1949 an bis zu seinem allzu frühen Tode fast alljährlich eigene Werke, aber auch Bruckner, Reger, Liszt, Schreker und Kompositionen seiner Zeitgenossen dirigierte. – Einen dauernden Platz in dem sich rasch entwickelnden Berliner Musikleben, das durch den früh vollendeten Ferenc Fricsay und das Rias-Orchester zusätzliche Impulse erhält, findet auch Joseph Keilberth, der 1951 noch als Repräsentant zeitgenössischer deutscher Musik erscheint; ihm gesellen sich Hans Rosbaud, Andrè Cluytens, Igor Markewitch und als einer der Dirigenten der ersten Stunde, Arthur Rother, zu. 1953 dirigiert Herbert von Karajan im Rahmen der Berliner Festwochen ein Bartók-Beethoven Programm.

Ein Jahr zuvor hat Furtwängler, dessen neuerliche Verbindung mit den Berliner Philharmonikern seit 1947 nicht mehr abreißt, auch offiziell die Führung des Orchesters übernommen, das noch immer in dem für Konzertzwecke notdürftig umgestalteten Titania-Palast musizieren muß. (Erst 1954 steht der Konzertsaal der Hochschule für Musik zur Verfügung.) Drei Jahrzehnte sind vergangen, seitdem Furtwängler Nikischs Nachfolge übernahm. Mehr und mehr wächst er in die Rolle des „grand old man", wird zur Symbolfigur deutscher Musik, zum Repräsentanten eines in die Vergangenheit hineinreichenden Interpretationsideals, wie nur er es noch verkörpert. Schwer wird ihm der Zugang zu einer sich wandelnden Zeit und ihren Musikauffassungen, denen er im wachsenden Maße ablehnend gegenübersteht. Von der Zwölftonmusik will er nichts mehr wissen. Er anerkennt die Kompromißlosigkeit und Wahrhaftigkeit der Schönberg'schen Theorie, aber glaubt, daß sie gegen die „elementarsten Gesetze der musikalischen Sinnlichkeit" verstößt. Die Wiener Schule findet in seinen Programmen keine Beachtung. Der tonal erklärbaren zeitgenössischen Werke hingegen nimmt sich Furtwängler mit erstaunlichem Elan weiterhin an. Im Dezember 1952 führt er Hindemiths Symphonie „Die Harmonie der Welt" aus der gleichnamigen Oper zum ersten Male auf und bezeichnet sie in einem Briefe an den Komponisten als „das beste Ihrer Orchesterwerke“. Zuvor dirigiert er eines der Meisterwerke unserer Zeit, Bartóks „Konzert für Orchester“, programmiert zwei Werke von Stravinsky, läßt Wolfgang Fortner mit seinem Violinkonzert zu Gehör kommen und führt noch Boris Blachers „Konzertante Musik“ auf. Der junge Dietrich Fischer-Dieskau ist im Dezember 1953 bei ihm Solist mit Mahlers „Kindertotenlieder“.

Furtwänglers Interpretationen der großen deutschen symphonischen Werke haben nichts an Vitalität, an klassischer Größe eingebüßt. Aber nunmehr beglücken sie weniger, erschüttern umso mehr, lassen Resignation und Tragik eines alternden, vereinsamenden Mannes erkennen, dem es zu Lebzeiten nicht erspart blieb, Zeuge zu werden des Zusammenbruchs, des Dahinschwindens seiner Welt, seiner Heimat, und vielleicht auch seiner Musik, so wie er sie begriff und fühlte. Werner Oehlmann, dem wir eine hervorragende Geschichte des Berliner Philharmonischen Orchesters verdanken, berichtet im „Tagesspiegel“ von einem Konzert Anfang der fünfziger Jahre, wie es Furtwängler gelang, „mit alten, immer wieder gespielten Standardwerken . . . auf völlig neue, geradezu erschreckende Weise zu erschüttern“, wie z. B. der langsame Satz der großen C-Dur Symphonie von Schubert „ganz im fahlen, fast gespenstigen Lichte“ bleibt, wie „Till Eulenspiegel“ sich in bestürzender Weise „die Umdeutung ins Tragische gefallen lassen muß“, wie der ganze Konzertabend zum Sinnbild europäischer Tragödie wurde. – Auch Furtwänglers zweite Symphonie, ein tief-ernstes Werk, das er 1948 erstmalig aufführt und mehrfach wiederholt, spiegelt das tragische Erleben ihres Autors, seine innere Zerrissenheit, seinen alles überschattenden Pessimismus wider. Von dieser Symphonie erwartet Furtwängler, wie er an Ludwig Curtius schreibt, daß man sich mit ihr nach seinem Tode noch auseinandersetzen werde.

In seinem letzten Lebensjahr unternimmt Furtwängler eine Konzertreise, die nach Hamburg, Belgien und Holland führt. Sie wird mit zwei Berliner Konzerten abgeschlossen, deren Programm aus der noch immer gültigen Gegenüberstellung zweier Beethoven-Symphonien, der „Pastorale“ und der „Fünften“, besteht. Am 20. September leitet er die Berliner Philharmoniker zum letzten Male. Das Programm: seine eigene zweite Symphonie und als heiterer Ausklang: Beethovens „Erste“. Wenige Monate später, am 30. November 1954, stirbt er an einer Lungenentzündung in Baden-Baden.

Von Furtwängler zu Karajan

Furtwänglers Tod wurde allgemein als das Ende einer großen, unwiederbringlichen Musikepoche empfunden. Viele seiner Anhänger konnten sich keinen anderen an der Spitze der Philharmoniker vorstellen und empfahlen allen Ernstes die Selbstauflösung des Orchesters. Die Berliner Philharmoniker, nunmehr vom Lande Berlin übernommen, das ihnen klugerweise in einer Verwaltungsordnung vom 2. Dezember 1952 ihr künstlerisches Selbstverwaltungsrecht unangetastet ließ, mußten zuerst an Sergiu Celibidache als Nachfolger denken. Aber der genialisch veranlagte rumänische Dirigent, der dem Orchester in Zeiten der Not unschätzbare Dienste geleistet hatte, erwies sich mehr und mehr als überaus eigenwillig, vielleicht auch zu einseitig in dem Repertoire, in dem er wirklich Außergewöhnliches leistete. Seine Probenanforderungen wurden als übersteigert empfunden, kurzum seine Kandidatur stieß auf Schwierigkeiten. Groß war die Dankesschuld, die an Celibidache abzutragen war, aber es kam darauf an, den besten Mann zu finden, der zugleich die Gewähr für einen störungsfreien Fortbestand des Orchesters bot. Die Berliner Philharmoniker entschieden sich gegen Celibidache für einen Mann, der schon anderthalb Jahrzehnte zuvor in der alten Philharmonie und in der Berliner Staatsoper einen wahren Sensationserfolg erzielt hatte, Herbert von Karajan. Sergiu Celibidache zog sich grollend von Berlin zurück. Bis zum heutigen Tage hat er sich eine große Gemeinde bewahrt, die ihn jubelnd empfängt und verabschiedet, wenn er – nunmehr an der Spitze anderer Orchester – in der Philharmonie auftritt.

Herbert von Karajan

Karajan, 1908 in Salzburg geboren, hatte in ganz jungen Jahren in Ulm sein Handwerk von der Pike auf gelernt. Bezeichnend, daß sein Intendant ihm kündigte mit der Begründung, daß das große Talent des damals jüngsten Generalmusikdirektors in Ulm nicht versauern dürfe; indem er, der Intendant, Karajan auf die Straße setze, wolle er ihn zwingen, sich eine bessere Position zu suchen, auf die er Anspruch habe. Monatelang reiste Karajan in Deutschland herum, erhielt auf seine Bewerbungen entweder Absagen oder überhaupt keine Antwort, bis es ihm schließlich mit viel Glück, übrigens gegen den Willen eines Teils des dortigen Orchesters, gelang, in Aachen ein Engagement zu erhalten. Ein Jahr später (1935) war er Aachener Generalmusikdirektor, wurde schnell auch außerhalb der Grenzstadt bekannt und erhielt durch Hans von Benda, der damals die künstlerischen Angelegenheiten der Berliner Philharmoniker betreute, eine Einladung zu einem Konzert in die Philharmonie. Dort dirigierte der Gast aus Aachen am 8. 4. 1938 ein Programm, das aus einer Mozart-Symphonie, der zweiten Suite zu „Daphnis und Chloe“ und der vierten Symphonie von Brahms bestand. Der Erfolg war aufsehenerregend. Der bekannte Kritiker Robert Oboussier berichtete in der „Deutschen Allgemeinen Zeitung“ vom 9. 4. 1938, daß sich der Generalmusikdirektor aus Aachen das Publikum im Sturm erobert und man dem mit Elan sich einsetzenden Orchester angemerkt habe, daß der noch nicht Dreißigjährige ein Berufener sei.

Auch Heinz Tietjen, Intendant der Berliner Staatsoper, hatte Verbindungen zum Aachener Generalmusikdirektor angeknüpft und ihn zu einer Premiere einer Oper von Wagner-Regeny eingeladen. Karajan erklärte sich einverstanden, wünschte aber zuvor ein Gastspiel an der Oper und zwar mit „Fidelio“, „Tristan“ und den „Meistersingern“, ein mehr als kühnes Begehren, das wohl noch nie von einem jungen Dirigenten gestellt worden war und auch prompt abgelehnt wurde. Immerhin bot Tietjen eine „Carmen“-Aufführung in Bestbesetzung an, die aber Karajan nicht zufriedenstellte, worauf er das Angebot von Tietjen, die Wagner-Regeny-Oper einzustudieren, rundweg ablehnte. Das hatte es an der Staatsoper noch niemals gegeben. Ihr Intendant, der bisher immer schreiben „ließ“, sandte nun einen handgeschriebenen Brief, in dem er darlegte, es interessiere ihn, den jungen Mann kennenzulernen, der es ablehne, in seinem, Tietjens, Haus zu dirigieren, und bot den „Tannhäuser“ an. Karajan antwortete, es müsse sich um einen Irrtum handeln, er habe „Fidelio“, „Tristan“ und die „Meistersinger“ erbeten. Nun gab Tietjen nach, Karajan begann sein Gastspiel an der Staatsoper, das wie eine Bombe einschlug. In der „B. Z. am Mittag“, berühmt durch ihren Feuilleton-Teil, hieß es mit großer Balkenüberschrift: „Staatsrat Tietjens großer Griff". „In der Staatsoper: Das Wunder Karajan", Ovationen für den Dirigenten des „Tristan". Der Kritiker stellte den Mann aus Aachen in eine Reihe mit Furtwängler und de Sabata, pries die „einfach unheimliche Souveränität" Karajans und bezeichnete ihn als „Geschenk". Berlins Musikleben erhielt durch das junge, temperamentgeladene Genie einen neuen Akzent. Karajan, der nach der Wagner-Regeny Oper eine auch heute noch unvergeßlich schöne „Zauberflöte" mit Gründgens als Regisseur einstudierte, wurde erneut vom Berliner Philharmonischen Orchester eingeladen, fuhr Jahre zwischen Aachen und Berlin hin und her und leitete während des zweiten Weltkriegs die Konzerte der Kapelle der Staatsoper.

Nach Kriegsende gab es für Karajan keine Betätigungsmöglichkeit in der zerstörten Reichshauptstadt. Er ging zurück in seine Heimat, in der er trotz eines Gastspiels bei der Wiener Staatsoper 1937 weniger bekannt geworden war als in Deutschland. Schnell ergaben sich Verbindungen mit den Wiener Philharmonikern, alsbald wurde Karajan durch seine zahlreichen Konzerte und Schallplattenaufnahmen mit dem Londoner Philharmonia Orchester auch international bekannt, die Scala berief ihn als Dirigenten und Regisseur, die Wiener Symphoniker machten ihn zum Leiter ihres Ensembles. Schon Anfang der fünfziger Jahre galt Karajan als europäischer Spitzendirigent, der sich neben Furtwängler behauptete. Man hat viel von der Rivalität zwischen den beiden gesprochen; sicherlich hat sie bestanden, sicherlich hat der dreiundzwanzig Jahre Jüngere unter ihr gelitten. Auf der anderen Seite hat Furtwängler seinen „Rivalen", wie es der frühere Leiter der Luzerner Festspiele erst kürzlich vor der Presse berichtete, nach Luzern empfohlen und hat trotz gegensätzlicher Interpretationsauffassungen die ungewöhnliche Bedeutung Karajans doch wohl erkannt und gewürdigt. Dieser wurde erneut 1953 und 1954 zu den Berliner Philharmonikern eingeladen, erschien nun als reifer, überlegener, in seinem Musizieren weitaus gelösterer Dirigent und überzeugte das Orchester nach langer Abwesenheit wiederum von seiner ungewöhnlichen Größe, seiner zur Führung berufenen Persönlichkeit. – Karajan hat in der Öffentlichkeit, aber auch vor den Berliner Philharmonikern gesagt, daß es schon bei der ersten Kontaktaufnahme Ende der dreißiger Jahre sein einziger, damals natürlich unerfüllbarer Wunsch gewesen sei, Leiter dieses Orchesters zu werden. 15 Jahre später fand er erneut in dem Orchester alles, was er wollte, sah in diesem Klangkörper eine fast ideale Basis für seine Arbeit. Die Philharmoniker brachten mit ihrer Entscheidung zum Ausdruck, daß sie Ähnliches empfanden. „Mit tausend Freuden" nahm Karajan die ihm vom Senator Tiburtius und Intendant von Westerman überbrachte Einladung an.

Karajan übernahm ein an Furtwängler geschultes, von dessen Geist erfülltes Orchester. Wer nun von dem energiegeladenen, seinen Willen stets durchsetzenden Furtwängler-Nachfolger erwartet hätte, daß er, der seinen Wert genau kannte, dem Orchester selbstbewußt und fordernd gegenüber getreten wäre, sah sich getäuscht. Karajan war viel zu klug und erfahren, um nicht zu erkennen, daß man in kurzer Zeit aus einem „Furtwängler-Orchester" kein „Karajan-Orchester" machen könne; vorsichtig ging er zu Werke. Er ließ sich anfangs die Werke „vorspielen", lernte hieran Orchester und Orchesterstil kennen, schien sich zuerst lediglich anzupassen, mitzugehen, so daß manche Furtwängler besonders zugeneigte, wegen des Wechsels schwer besorgte Orchestermitglieder aufatmeten, nur um sehr bald zu merken, daß eine ganz andere Dirigentenpersönlichkeit am Werke war, der sich auf die Dauer niemand entziehen konnte.

Karajan hat sich auf seinen frühen Ruhm, der anderen so oft zum Verhängnis wurde, auf sein „Charisma", nicht verlassen, stets an sich gearbeitet und sich niemals gescheut, von anderen zu lernen. Mehrfach erwähnte er, daß ihn vor allem Furtwängler und Toscanini beeinflußt haben. Toscaninis Werktreue, die von ihm zum Primat erhobene technische Perfektion, haben sicherlich Karajan als Vorbild gedient. Aber auch Furtwänglers ausdrucksintensive Wiedergaben haben auf Karajan eingewirkt. In diesem Jahrhundert geboren, Zeuge gegensätzlicher Interpretationsströmungen, findet er eine glückliche Mitte zwischen kalter Perfektion und trockener Sachlichkeit auf der einen Seite, ekstatischer Hingabe und überströmendem Gefühl auf der anderen Seite.

Karajans Interpretationsweise ist denkbar einfach. Er hält sich in erster Linie an die Partitur, bestrebt, alle in ihr enthaltenen Einzelheiten wie Tempoangaben und dynamische Vorschriften zu verwirklichen. Wesentlich für ihn ist das Nachvollziehen der großen Linie der Musik, die sich dem Hörer zwingend mitteilen muß. Karajan gehört nicht zu jenen Dirigenten, die möglichst in jedem Takt etwas „machen" und oftmals in zu vielen Nuancierungen, interpretativen Details oder besonderen Auffassungen stecken bleiben. Er gibt nur dort Eigenes, wo der Komponist dem nachschöpferischen Künstler freie Hand läßt oder lassen muß, weil jede Aufführung einem eigenen Gesetz folgt, schon wegen der Verschiedenartigkeit der Orchester, der Säle, aber auch wegen der bereits angedeuteten Unmöglichkeit, den vom Komponisten gehörten Idealklang mit der vorhandenen Notenschrift und den üblichen Ausdrucksbezeichnungen zu Papier zu bringen. – Vollendete Klarheit, Korrektheit aller Notenwerte, Transparenz, sind für Karajan oberstes Gebot, technische Perfektion versteht sich von selbst, ist aber nie Endzweck, sondern Voraussetzung für Klangbild, Gestaltung und Ausdruck. Während Furtwängler die Musik „subjektiviert", ist Karajan um ein objektivierendes Musikbild bemüht. Karajan bändigt, zügelt, kontrolliert das musikalische und klangliche Geschehen, nie wird es bei ihm an Überlegenheit und Überlegtheit fehlen. Dennoch läßt er die Musik singen, vernachlässigt nie die lyrische Komponente und erreicht stets eine spürbare Synthese zwischen Gefühl und Verstand.

Seine Befehlsgewalt ist unbestritten. Seinem fast übermenschlichen, Berge versetzenden Willen kann sich niemand entziehen. Und doch gehört er nicht zu jenen Dirigenten, die ihr Orchester wie eine „gedrillte Truppe" vorführen, bei der jeder seinen Part wie nach „Anweisung" spielt. Karajan läßt seine Orchestermusiker frei musizieren, entspannt sie, ohne daß seine Interpretationen jemals an Spannung einbüßen. Wie er dies bewerkstelligt, bleibt sein Geheimnis, ist sicherlich auch auf seine jahrzehntelange Beschäftigung mit Yoga zurückzuführen. Karajan hat einmal gesagt, daß er zwanzig Jahre gebraucht habe, um Entspanntheit mit Spannung zu vermitteln. Unter ihm kann sich jeder Philharmoniker frei entfalten, sein eigenes großes Musikpotential in den Dienst der gemeinsamen Sache stellen und selbst eine Höchstleistung im Rahmen der Gesamtaufführung erbringen. So kommt es zu jenem engagierten Musizieren des gesamten Orchesters, jener Tonschönheit, die jedes Karajan-Konzert zu einem besonderen Erlebnis machen.

Aber es wäre abwegig, in Karajan lediglich einen „Klangregisseur", einen sich dem Klangrausch ergebenden Dirigenten zu erblicken. Es bedarf eigentlich keiner besonderen Erwähnung, daß Musik zuerst einmal Klang bedeutet und daß es Aufgabe eines jeden Dirigenten ist, aus seinem Orchester den schönstmöglichen Klang herauszuholen, dies insbesondere in einem Zeitalter, in dem fast alle Kompositionen auf Platten, Kassetten und Filmen zugänglich sind. Karajan hört keineswegs mit dem Klang auf, gestaltet die Musik, gibt ihr seine dämonische Kraft, sein geballtes Temperament, aber auch die Zartheit seiner Empfindung. Niemand kann die Struktur eines noch so riesigen Werkes klarer erfassen und wiedergeben, besitzt einen größeren Atem, vermag ein Bruckner'sches Adagio tiefer zu erfassen und auszufüllen als er. Jede Aufführung unter Karajan verrät eine ganz bestimmte interpretative Vorstellung, die selbstverständlich, wie dies auch bei seinen Vorgängern der Fall war, nicht überall geteilt wird. Manche haben ihm vorgeworfen, er identifiziere sich nicht hinreichend mit dem Werk und seinem Autor. Er tut es durchaus, aber läßt es wohl absichtlich die Zuhörer nicht merken. Die Gebärde eines eloquenten

Apostel liegt ihm weniger. Einmal glaubt er, am besten für den Komponisten einzutreten, wenn er dessen Intentionen durch eine perfekte Wiedergabe erhellt und das Urteil dem Zuhörer überläßt, dann aber mag ihn auch eine gewisse Scheu zur Zurückhaltung bewegen. Karajan liebt es nicht, es ist ihm wohl auch von Natur nicht gegeben, seine Gefühle, sein Innerstes zu offenbaren; Kontakte mit Menschen, wie er es Häussermann sagte, fielen ihm immer etwas schwer, eine gewisse Distanziertheit zu Menschen ist ihm angeboren. Daher hält ihn eine kleine Minderheit für arrogant, auf sich selbst bezogen, empfindet bisweilen seine Musik als kühl und oberflächlich. Ein seltsames Fehlurteil. Karajan ist Musiker durch und durch, in ihm glüht das heilige Feuer der Musik genauso wie in Furtwängler. Aber während Furtwängler die Flammen hoch lodern läßt, hält sie Karajan unter Kontrolle, bleibt auch im Augenblick höchster Spannung gesammelt, konzentriert auf den Ablauf des Ganzen, stets sich und sein Orchester beherrschend. Furtwängler bewegt, Karajan erregt, Furtwängler gibt sich oftmals dem Erlebnis des Augenblicks hin, improvisiert, neigt zu rhythmischen Freiheiten, von denen er überzeugt ist, daß sie dem Willen des Komponisten entsprechen. Karajan betritt mit einem fest in sich fundierten, alle Einzelheiten der Komposition umfassenden Erlebnisbild das Podium, hält sich mit großartiger Strenge an die Partiturangaben, dem Rhythmus als grundgegebenes Interpretationselement verschworen. Beide erreichen, wenn auch auf verschiedenartigen Wegen, ein Interpretationsplateau von oftmals schwindelnder Höhe, beide haben durch ihre Kunst der Wiedergabe historisch zu wertende Maßstäbe gesetzt.

Wie Furtwängler einst die Konzertszene dominierte, so steht auch Karajan dank seiner faszinierenden, geradezu magisch anziehenden Persönlichkeit im Mittelpunkt des Musikgeschehens. Unmöglich, sich seiner Suggestivkraft, seiner angeborenen, alles zu einer „lex Karajan“ verwandelnden Autorität zu entziehen, sich nicht der hinreißenden Wirkung einer außerordentlichen Dirigentengestalt hinzugeben. Die Ausstrahlung, die von dem schmal-gebauten, stets höchste Konzentration vermittelnden Mann ausgeht, dessen ebenmäßig geformtes Gesicht genialische Züge verrät, erreicht dämonische Dimensionen, zwingt und bezwingt, an Toscanini, auch er ein Fels in der Brandung, erinnernd, läßt nicht selten in Momenten höchster Spannung den Komponisten und seine Musik zurücktreten, als ob nur einer sich im Raum befände, Herbert von Karajan an der Spitze seines ganz auf ihn eingestimmten Orchesters. Karajans außergewöhnliche, kaum rational erklärbare Gabe, seinen Musikwillen auf alle Orchestermitglieder zu übertragen, seine, auch den Zuhörer in Bann schlagende, fast übermächtige Gewalt über das Orchester, sind umso erstaunlicher, als er bewußt auf das Auge verzichtet, für den Dirigenten ein unschätzbares Mittel, auf seine Musiker einzuwirken. Karajan dirigiert mit geschlossenen Augen! Das ist keine Pose, sondern ein probates Mittel, den Klang zu kontrollieren, den man – hierüber besteht kein Zweifel – ohne Blickablenkung wesentlich schärfer hört. Dennoch ist der „blinde" Karajan allgegenwärtig, beflügelt seine Musiker zu Spitzenleistungen, in der Tat, ein „Berufener", ein „Wunder", wie es bei seinem ersten Erscheinen in Berlin hieß.

Karajans Arbeit an der Spitze der Berliner Philharmoniker begann sofort mit einem großen Wagnis, der ersten Amerikareise des Orchesters, die seit langer Zeit vorbereitet und noch von Furtwängler nach anfänglichem Zögern zugesagt worden war. Karajan, der übrigens nur durch die Großzügigkeit des Leiters der Scala von seiner dortigen in die Zeit der USA-Reise fallenden Verpflichtung freigekommen war, verlangte und erhielt die notwendige Probenzeit, bestand mit Recht auch auf einer „offiziellen" Ernennung zum „ständigen Dirigenten" (die Vertragsunterzeichnung zog sich, wie nicht selten, bei einer langsam arbeitenden Behörde hin) und errang für sich und seine Musiker einen großartigen Sieg. Dieser war besonders wichtig und bemerkenswert schon im Hinblick auf die wohlbekannten amerikanischen Weltklasseorchester, aber auch in Anbetracht gewisser politischer Ressentiments in New York und an der Ostküste, die die Aufgabe von Dirigent und Orchester nicht erleichterten. – Die 26 Konzerte umfassende Reise war so erfolgreich, daß gleich für das nächste Jahr eine weitere USA-Reise mit 32 Konzerten „improvisiert" wurde, ein völlig ungewöhnlicher Vorgang, da solche Überseereisen hüben und drüben sonst nur in größeren Zeitabständen geplant und durchgeführt werden. Auch die zweite Amerikareise war ein überwältigender Erfolg.

Karajans Wirken als „ständiger Dirigent des Berliner Philharmonischen Orchesters" hat unserer Stadt jene „tausend Freuden" bereitet, mit denen er den Ruf, die Furtwängler-Nachfolge anzutreten, annahm. Seit mehr als zwanzig Jahren steht er an seiner Spitze und unternimmt alljährlich ausgedehnte Reisen mit seinem Orchester, das er einmal nach Abschluß einer Japanreise als „seinen verlängerten Arm" bezeichnete. Damals sagte er, daß die Philharmoniker und er nunmehr eine solche Einheit bildeten, daß, falls einmal etwas nicht gelänge, es an ihm und nicht am Orchester läge. Sprach man einst von den kulturell „goldenen zwanziger Jahren", so darf man jetzt getrost von den „goldenen" philharmonischen Zeiten sprechen. Karajan hat das Orchester technisch, musikalisch und klanglich zu höchsten Höhen geführt, ein großes Erbe erhalten und gemehrt; ihm ist es zu danken, daß die Kombination Karajan – Berliner

Herbert v. Karajan

Herbert v. Karajan im Konzertsaal der Hochschule für Musik

Prof. Michel Schwalbé (1. Konzertmeister)

Prof. Thomas Brandis (1. Konzertmeister)

Leon Spierer (1. Konzertmeister)

Prof. Eberhard Finke (1. Solo-Cellist)

Ottomar Borwitzky (1. Solo-Cellist)

Gastdirigenten des Berliner Philharmonischen Orchesters

Karl Böhm

Carlo Maria Giulini

Eugen Jochum

Sir John Barbirolli

Prof. Rainer Zepperitz (Mitglieder des Vorstandes des Orchesters) Emil Maas

Herbert von Karajan im Kreise seiner Philharmoniker

Philharmoniker in der ganzen Welt als unschlagbar gilt. Reisen des Orchesters, wo immer sie auch hingehen, gestalten sich zu Triumphen, und Berlin ist wieder dank der Dreieinheit, Karajan, Berliner Philharmoniker und Philharmonie musikalischer Mittelpunkt, der zu allen Zeiten Besucher aus dem In- und Ausland anlockt.

Wie nicht anders zu erwarten, hat Karajan das Repertoire des Orchesters erweitert und ergänzt. Viele zeitgenössische Komponisten, unter ihnen Penderecki, Nono, Fortner, Bennett und Blacher, verdanken ihm sorgsam einstudierte, erfolgreiche Aufführungen. Zu den schönsten Wiedergaben gehören Britten's „War-Requiem", Messiaens' „Réveil des Oiseaux", Henzes „Sonate per Archi", die „Fünfte" von Prokofieff und die „Zehnte" von Shostakovich. Unvergeßlich die beispielhafte Aufführung dieses Werkes in Moskau und Leningrad in Anwesenheit des Komponisten, der sich in Superlativen über Dirigent und Orchester äußerte. Daß auch Werke von Bartók und Stravinsky zum Reiserepertoire des Orchesters gehören, versteht sich fast von selbst. In diesem Zusammenhang sei vermerkt, daß nur zuvor mehrfach in Berlin erprobte und gespielte Werke auf Reisen mitgenommen werden. Mit besonderer Hingabe hat sich Karajan der österreichischen Schule angenommen. Von Schönberg führte er die „Gurre-Lieder" auf, eine Wiedergabe, die zu seinen besten gehörte, dirigierte die „Verklärte Nacht" – zuletzt in New York – in einer Aufführung, die auch die hart gesottenen New Yorker Kritiker zu Lobeshymnen hinriß, „Pelleas und Melisande" erscheint mehrfach in seinen Programmen, und ein Gleiches gilt von den ungeheuer schwierigen Variationen Opus 31, einem der bedeutendsten Zwölf-Ton-Werke. Karajan hat diese Kompositionen jahrelang immer wieder neu probiert und aufgeführt und sie schließlich auf einer Platte (durch Umsetzen des Orchesters in fast jeder Variation) so ideal aufgenommen, daß er nunmehr es nicht mehr „wagt", das Werk im Rahmen eines Konzerts aufzuführen. Webern und Berg sind weiterhin mit maßgeblichen Werken in den Programmen vertreten; Bergs „Drei Orchesterstücke", mit denen sich Karajan und das Orchester ebenfalls eine überaus lange Zeit beschäftigt haben, wurde dem Reiserepertoir einverleibt und dank der hervorragenden Wiedergabe auch im Ausland mit Bravorufen aufgenommen. – Diese Aufzählung allein zeigt, wie unbegründet der Vorwurf ist, Karajan nähme sich der zeitgenössischen Musik nicht an. Sicherlich fehlen Namen wie Boulez, Stockhausen u. a.. Wenn Karajan, der immerhin erst im achtundvierzigsten Lebensjahr die Berliner Philharmoniker übernahm, keinen Zugang zu manchen avantgardistischen Werken findet, wenn er auch gegenüber Hindemith und Reger sich ablehnend verhält, wenn er lange Zeit (übrigens ebenso wie Furtwängler) Mahler fremd gegenüberstand, so sollte man sich damit abfinden, zumal die genannten Komponisten bei der großen Zahl von philharmonischen Gastdirigenten sowieso zu Worte kommen. Grundsätzlich ist zu sagen: es gibt keinen Interpreten auf der Welt, der zu allen Komponisten aller Zeiten eine Beziehung hat. Interpretation ist in hohem Grade Identifizierung des nachschöpferischen Künstlers mit dem Komponisten. Wenn einem Interpreten ein Werk nicht liegt oder er von dem Wert einer Komposition nicht überzeugt ist, so ist es nur verständlich, wenn er von einer Programmierung absieht. Karajan hat bisweilen von Kompositionen, die ihm vorgeschlagen wurden, gesagt, daß er in ihnen nichts zu geben vermöge. Mit Recht hat er sich geweigert, sie anzusetzen, und lieber den Vorwurf in Kauf genommen, daß sein Repertoire nicht allumfassend sei. – Aber es gibt auch Werke, bei denen Karajan plötzlich Feuer fing, plötzlich etwas zu geben hatte, wie z. B. bei der „Sinfonia Domestica“ von Strauss, die er lange Zeit ablehnte, und vor allem bei Gustav Mahler, von dem Karajan nur das „Lied von der Erde“ erstmalig 1960 mit echter Begeisterung dirigierte. Inzwischen hat er sich Mahlers „Fünfte“ und neuerdings auch die „Sechste“ erobert (die „Sechste“ übrigens erst in seinem achtundsechzigsten Lebensjahr), hat sich mit diesem tief-tragischen Werk völlig identifiziert und jene echte Erschütterung hervorgerufen, wie sie nur eine kongeniale Wiedergabe bewirken kann. Allein das Beispiel der „Sechsten“ von Mahler beweist, daß es bei Karajan keinen Stillstand gibt.

Grundlage des Repertoires sind und bleiben die Werke der klassisch-romantischen Literatur. Hierin hat sich auch bei Karajan nichts geändert und wird sich auch in Zukunft nichts ändern. So lebenswichtig die permanente Beschäftigung mit dem zeitgenössischen Schaffen ist, ein wesentlicher Teil des Aufgabengebietes eines symphonischen Orchesters besitzt musealen Charakter. Wie die Mehrzahl der Museumsbesucher immer wieder die Meisterwerke aus vergangener Zeit betrachtet (wobei selbstverständlich niemals die Gemälde moderner Maler vernachlässigt werden sollten), so wünscht auch der Konzertbesucher erneute Bekanntschaft mit ihm vertrauten Kompositionen, dazu jenes unersetzbare Musikerlebnis, das nur der Konzertsaal mit seiner Gemeinschaft von Gleichgestimmten bieten kann. Daher gehört es zu den unverzichtbaren Aufgaben eines Spitzenorchesters und seines Hauptdirigenten, das große Musikerbe zu pflegen und es in beispielhaften Aufführungen vor allem der Jugend zu vermitteln. Karajan ist sich dieser Aufgabe stets bewußt gewesen. Hiervon zeugen seine Beethoven- und Brahmszyklen in Berlin, die er auch in New York, London, Paris und in Tokyo wiederholt hat.

Karajan als Beethoven-Dirigent hat stets das Publikum, nicht aber immer die Presse überzeugt, die ihm vor allem jene schnellen Tempi vorwarf, die Beethoven selbst bei seinen Metronomenbezeichnungen festgelegt hat. Man kann bekanntlich über Tempi ewig diskutieren. Entscheidend kommt es darauf an, ob es dem Interpreten gelingt, den Charakter der Musik zu treffen, was sowohl im Rahmen eines langsameren wie auch eines schnelleren Tempos möglich ist. In dem ersten, von ihm sehr schnell genommenen Satz der „Eroica" spürt man in jedem Takt das „Heldische", den rastlos vorwärts strebenden Korsen (dessen Namen die Symphonie nach eigenen Angaben von Beethoven eigentlich tragen sollte), der allen Warnungen zum Trotz von Sieg zu Sieg eilt. Der erste Satz der „Fünften" (der übrigens von dem mehr lyrischen Bruno Walter fast genauso schnell genommen wurde) läßt in Karajans Wiedergabe – und darauf kommt es allein an – das Ungeheure der Schicksalsgewalt erleben, ist angefüllt mit einer fast beklemmenden Spannung. – Schließlich das Finale der „Siebenten". Diese Musik ist keine „Apotheose des Tanzes"; wenn sie überhaupt etwas mit einem Tanz zu tun haben soll, dann ist es der Tanz trunkener Götter oder rasender Riesen. Das Finale der „Siebenten" muß auch den Zuhörer in eine Art Rauschzustand versetzen, und dies gelingt Karajan, indem er die Musik in einem fast atemberaubenden Tempo pausenlos antreibt.

Sein enges Verhältnis zu Brahms, mit dessen „Erster" er in Aachen und mit dessen „Vierter" er späterhin in Berlin debutierte, bedarf keiner eingehenden Darlegung. Überall, auch in anglo-sächsischen Ländern, deren Kritiker nicht immer mit Karajan einverstanden sind, haben seine Brahms-Interpretationen einhellige Zustimmung und Bewunderung gefunden. – Ein Gleiches gilt von ihm als Bruckner-Dirigent. Seiner besonderen Affinität zu dieser weltabgewandten, in Gott ruhenden Musik, deren epische Breite er durch überaus gemessene Tempi noch unterstreicht, sind viele großartige, von Bruckner'scher Feierlichkeit zeugende Aufführungen, oftmals musikalische Sternstunden, zu danken. Wer Karajan Mangel an Innerlichkeit vorwirft, wer behauptet, daß sein Musizieren lediglich von ästhetischer Glätte zeuge, wird besonders durch seine Bruckner-Interpretationen widerlegt. Klanglicher Glanz, den er auch der Bruckner'schen Musik mit Recht zuteil werden läßt, schließt nicht jene sacrale, ins Transcendente sich erhebende Deutung aus, zu der auch Karajan gelangt. Unvergeßlich seine Gedenkkonzerte mit den Berliner Philharmonikern in Salzburg aus Anlaß der hundertfünfzigsten Wiederkehr des Geburtstags von Anton Bruckner. – Die Salzburger Pfingstkonzerte 1977 waren zwei Komponisten gewidmet, denen Karajan von Anbeginn seiner Karriere verbunden ist: Mozart und Richard Strauss, beide geborene Dramatiker, beide Opernkomponisten. Wir müssen es uns versagen, in diesem Rahmen auf Karajan, den Operndirigenten, näher einzugehen, der seine Berliner Philharmoniker bei den vom ihm geschaffenen Salzburger Osterfestspielen jedes Jahr auch zu einem überragenden Opernorchester gemacht hat. Mozart ist, wie es jeder vom Musikfach weiß, eine Lebensaufgabe. Auch der Salzburger Karajan, von seinem Ratgeber und Lehrer Paumgartner in die Welt Mozarts eingeführt, hat sich dieser Aufgabe unterzogen, in letzter Zeit ganze Mozartreisen mit den Berliner Philharmonikern unternommen und immer ausgewogenere, vom Geiste Mozarts erfüllte Aufführungen dirigiert. Bewundernswert, wie er sich besonders mit den drei letzten Symphonien des Salzburger Meisters auf's Neue auseinandersetzt, sie von Grund auf neu probiert, um dieser vollkommenen Musik eine adäquate Wiedergabe abzugewinnen. – Strauss, den Karajan noch erlebt hat, macht es seinen Interpreten wesentlich leichter. Seine hinreißend-brilliant instrumentierten symphonischen Dichtungen, leichter überschaubar in ihren Strukturen, waren von jeher eine Domäne großer deutscher Dirigenten, vor allem von Furtwängler und Bruno Walter. Karajan hat diese Tradition fortgeführt und mit seinen Strauss-Interpretationen, vor allem der des „Heldenlebens", Maßstäbe gesetzt, die auch für spätere Generationen gültig sein werden. – Zum Abschluß eine kleine Geschichte, die Karajan selbst erzählt hat. Nach einer von ihm einstudierten „Elektra" – Aufführung, der Strauss beiwohnte, ließ sich der Komponist den jungen Dirigenten vorstellen und beglückwünschte ihn zu der Aufführung. Karajan war mit diesem Glückwunsch keineswegs zufrieden und bat Strauss, ihm vor allem mitzuteilen, was er, der Komponist, auszusetzen habe, damit er, Karajan, davon lernen könne, woràuf Strauss die weise Antwort gab: „Sehen Sie, ich habe die „Elektra" vor Jahrzehnten komponiert und bin von dem Werk innerlich weit entfernt; Sie aber haben sich in den letzten Monaten mit der Partitur und ihren Problemen intensiv beschäftigt, also wird es auch richtig sein. . . ."

Die großen Gastdirigenten des Berliner Philharmonischen Orchesters.

Über einhundert Konzerte spielt das Berliner Philharmonische Orchester alljährlich in Berlin, über dreißig auf Reisen. Von ihnen dirigiert in jeder Spielzeit Karajan rund zwanzig in Berlin, sämtliche Reisekonzerte, somit also mehr als ein Drittel der Konzerte.

Alle anderen Berliner Konzerte sind Gastdirigenten anvertraut. Zu ihnen gehörten – seit dem 15. Oktober 1963, dem Tage der Eröffnung der Philharmonie – Otto Klemperer, dessen monumentale Beethoven-Aufführungen noch lange in Erinnerung bleiben werden; Carl Schuricht, der schon 1927 die Philharmoniker erstmals dirigierte, 1934/35 einen eigenen Zyklus leitete und der als gefeierter Altmeister das philharmonische Publikum mit großangelegten Wiedergaben von Bruckner-, Beethoven- und Schumann-Symphonien begeisterte; Joseph Keilberth, der in zahlreichen Konzerten ein Repertoire von Haydn bis Hindemith, darunter einen ganzen Hindemith-Abend zu Ehren des siebzigsten Geburtstags des deutschen Meisters, dirigierte; George Szell, ein Vierteljahrhundert Leiter des Cleveland Orchesters, einer der größten Könner auf allen Gebieten der Musik, den auch die Berliner Philharmoniker als stilgetreuen, auf die Verwirklichung aller Partitureinzelheiten bedachten Interpreten hochgeschätzt haben; Ernest Ansermet, weltbekannter Interpret französischer Musik, der noch kurz vor seinem Tode mit dem Berliner Philharmonischen Orchester Honeggers „Johanna auf dem Scheiterhaufen" aufführte, André Cluytens, der vor allem mit reinen Ravel-Programmen glänzte, sowie Charles Munch, langjähriger Dirigent des Boston Symphonie Orchesters und späterhin Leiter des „Orchestre de Paris", der in der Philharmonie mit der ersten Aufführung von Berlioz' „Requiem" einen tiefen Eindruck hinterließ.

Besondere Erwähnung gebührt Sir John Barbirolli, der fast ein Jahrzehnt bis zu seinem Tode in jeder Spielzeit vier Programme dirigierte, sehr schnell erklärter Liebling der Philharmoniker und des philharmonischen Publikums wurde und vor allem durch seine aufwühlenden Mahler-Wiedergaben (er dirigierte alle Symphonien mit Ausnahme der „Achten" und der „Siebenten", die er noch vor seinem Tode programmiert hatte) unvergeßlich bleibt. Sir John, von italienisch-französischer Herkunft, geborener Vollblutmusiker, der Temperament mit tiefem lyrischen Empfinden verband, mit geradezu nachtwandlerischer Sicherheit innere musikalische Zusammenhänge, das oft hinter einer Partitur liegende Geheimnis, aufspürte, war ein Dirigent mit eminentem

Klangsinn und einer mitreißenden Technik, dem es stets gelang, seine Erlebniskraft auf das Orchester zu übertragen. Binnen kurzem schuf er sich eine „Barbirolli-Gemeinde“, die er mit einem ausgedehnten Repertoire beglückte, das neben Mahler die gesamte deutsche Literatur, englische Musik (Elgar, Britten, Vaughan-Williams), französische Musik (Debussy, Ravel, Satie) sowie slawische Werke (Dvorak, Tschaikovsky) und natürlich auch italienische Kompositionen, darunter das „Requiem“ von Verdi, umfaßte. Noch lange wird das musikliebende Berlin, werden viele Philharmoniker an Sir John zurückdenken, an seine ganz in der Musik aufgehende Persönlichkeit, die manche Sternstunde – vor allem seine Aufführung der „Neunten“ von Mahler – beschert hat.

Es versteht sich fast von selbst, daß die Elite der noch aktiven Dirigenten in der Philharmonie zu Gast ist. An ihrer Spitze der von allen hochverehrte Karl Böhm, vierzig Jahre den Berliner Philharmonikern in Freundschaft verbunden, die ihm eine übergroße Zahl von herrlichen Aufführungen verdanken. Böhm verbindet beglückendes Musikantentum mit vollendeter Stiltreue, dramatisches Verständnis mit hinreißender Ausdrucksintensität. Berühmt sein aus den drei letzten Mozart-Symphonien bestehendes Programm, seine vital-geschlossenen Beethoven-Interpretationen, seine stets tief berührenden Schubert-Abende, seine authentischen Wiedergaben von Werken von Richard Strauss, seinem langjährigen Freund. – Von den „Großen Alten“ sei weiterhin Eugen Jochum genannt, dessen Berliner Debut Anfang der dreißiger Jahre so einschlug, daß ihm 1932/33 ein eigener Konzertzyklus anvertraut wurde. Bis zum heutigen Tage erscheint Jochum in jeder Spielzeit mehrfach in der Philharmonie, auch er ein Bewahrer des deutschen Musikerbes, der lange Wilhelm Furtwängler nacheiferte, sich zu eigenen Auffassungen durchrang und vor allem als Bruckner-Apostel einen weltweiten Namen errungen hat. Sein ausgewähltes Repertoire umfaßt Werke von Pfitzner, Reger, Hindemith und Furtwängler, dessen zweite Symphonie er mehrfach aufführte. Auch Haydn und Mozart finden in Eugen Jochum einen beredten Deuter. Seine große Liebe gilt den erhabenen Chorwerken von Monteverdi, Bach und Beethoven. Dankbar erinnern sich viele Berliner Musikfreunde an besonders eindrucksvolle, religiös empfundene Aufführungen der „Marienvesper“ und der „Johannes-Passion“. – Ein Bruckner-Dirigent von Format ist Lovro von Matacic, der ebenfalls zu den ständigen Gastdirigenten in der Philharmonie gehört. – William Steinberg, einst Generalmusikdirektor an der Frankfurter Oper und später Leiter führender amerikanischer Orchester, zählt ebenfalls zur „alten Garde“ philharmonsicher Gastdirigenten. Im Gedächtnis stehen verschiedene Mahler- und Bruckner-Aufführungen sowie eine Darbietung des Streichquartetts von Verdi, das Steinberg für großes Streichorchester umschrieb.

Die mittlere Dirigentengeneration ist vor allem durch Carlo Maria Giulini, Raphael Kubelik und Wolfgang Sawallisch vertreten. Sawallisch, der leider nur selten den Weg nach Berlin findet, imponierte bei seinen letzten zwei Konzerten durch großlinige, glänzend durchgearbeitete Interpretationen der „Pastorale" und der „Eroica". – Kubelik, Musiker und Musikant par excellence, meisterlicher Repräsentant der tschechischen Musik, vereint in sich Temperament, Gefühlswärme und eine unbändige Musizierfreude. Auch er ein besonders beliebter Gast in der Philharmonie. – Ein Gleiches gilt von Carlo Maria Giulini, der 1967 erstmalig die Philharmoniker dirigierte und nunmehr in jeder Spielzeit zwei, bisweilen drei Programme leitet. Giulini, der in den vergangenen Jahrzehnten vornehmlich an der Oper tätig war und zu den ersten seines Fachs zählt, hat sich jetzt ganz dem symphonischen Repertoire zugewandt. Ähnlich wie Barbirolli besitzt auch er nunmehr in Berlin eine ihm treu ergebene Gemeinde. Dieser überaus sensitive Musiker, dem jeder Ton, jede Note ein Erlebnis bedeutet, dessen tiefdurchdachte, tiefgefühlte Interpretationen stets ein Element der „humanitas" enthalten, hat die Berliner Musikfreunde durch grandiose Choraufführungen (Schumanns „Das Paradies und die Peri", Schuberts Messe in Es, Beethovens Messe in C, Verdis „Pezzi sacrae"), aber auch mit einer spezifisch „mahlerisch" empfundenen ersten Symphonie von Gustav Mahler, mit einer ganz aus dem Geist der Musik – nicht nur der Farbe – gestalteten Wiedergabe von Moussorgskys „Bilder einer Ausstellung" sowie mit stets wie neu wirkenden Interpretationen von Werken Beethovens („Siebente"), Schuberts („Unvollendete" und große C-Dur Symphonie) und Schumanns („Dritte") begeistert. Noch ist das Repertoire dieses überragenden Musikers und Dirigenten begrenzt. Nur wenn Giulini eine echte Affinität zu einem Werk fühlt, mag es noch so bekannt sein, nimmt er es in sein Programm auf. Oftmals dauert es Jahre, bis er sich zu einer Aufführung entschließt. Aber dann wird sie fast immer zu einem besonderen musikalischen Ereignis.

Von der jüngeren Generation haben mehrere Dirigenten, die heute mit an der Spitze stehen, in ganz jungen Jahren die Philharmoniker geleitet, unter ihnen Zubin Mehta, der bereits 1961 mit der „Ersten" von Mahler debutierte, die er noch mit Bruno Walter studiert hatte. Inzwischen besteht ein besonders enges Verhältnis zwischen dem indischen Dirigenten und dem Berliner Philharmonischen Orchester, das er u. a. in einem großartigen „All-Stravinsky"-Programm anläßlich des achtzigsten Geburtstags des russischen Komponisten dirigierte, mit dem er späterhin prachtvolle Aufführungen von Mahlers „Auferstehungssymphonie", der „Neunten" von Bruckner, der „Ersten" von Schumann, der ersten Kammersymphonie von Schönberg u. a. leitete. Mehtas vorbildliche Dirigiertechnik, seine angeborene Beherrschung des Orchesters sowie seine enge Vertrautheit mit dem gesamten Repertoire geben ihm einen prominenten Platz unter den führenden Dirigenten der Gegenwart. – Auch Seiji Ozawa, Schüler von Karajan, hat sehr früh Bindungen zu den Philharmonikern gefunden, die er seit 1966 regelmäßig als Gast dirigiert. Mit einer Ausstrahlungskraft sondergleichen begabt, hat sich der japanische Dirigent in kurzer Zeit eine führende Position in der Welt erobert und gehört mit Mehta zu den beliebtesten Gästen der Berliner Philharmoniker. Seine Aufführungen von Mahlers „Achten" („Symphonie der Tausend"), des „Requiem" von Berlioz, aber auch seine Wiedergabe von Hindemiths „Mathis der Maler", Tschaikovskys „Pathétique" und Ives' „Vierter" gehörten zu den Höhepunkten der jeweiligen Spielzeiten. Ozawa ist keineswegs nur ein brillianter Dirigent, er versteht es, aus einem Orchester stets eine Spitzenleistung herauszuholen, arbeitet unermüdlich an sich und seinem Repertoire, auch er ein echter Musiker, zur Führung bestimmt. – Mit einer beispielhaften Aufführung von Stravinskys „Oedipus Rex" errang sich Claudio Abbado endgültig einen obersten Platz unter den Gastdirigenten der Philharmoniker, nachdem er zuvor mit der „Sechsten" von Mahler, Bergs „Drei Orchesterstücken", Opus 6, und Bruckners „Ersten" auf seine Bedeutung hingewiesen hatte. – Daniel Barenboim, der lange Zeit hindurch als Pianist mit den Philharmonikern zusammenwirkte – u. a. spielte er Furtwänglers Klavierkonzert – hat sich in den letzten zehn Jahren in zunehmendem Umfang auf das Dirigieren konzentriert. Erstmalig leitete er im Jahr 1969 die Philharmoniker. Seit dieser Zeit ist Barenboim, heute Chef des „Orchestre de Paris", verschiedentlich am Pult der Philharmoniker erschienen, mit denen er vornehmlich deutsche Musik aufgeführt hat. Ähnlich wie der junge Eugen Jochum läßt Barenboim deutlich den Einfluß Furtwänglers erkennen, dem er ganz bewußt nachstrebt. Barenboims vielseitige Begabungen – noch immer kommt er alljährlich in die Philharmonie als Pianist in eigenen Recitals – hat ihm in Berlin eine bedeutende Anhängerschaft gesichert.

Über einen großen Freundeskreis verfügt auch Lorin Maazel, langjähriger Leiter des Radio-Symphonie-Orchesters, Berlin, viele Jahre hindurch Generalmusikdirektor der Deutschen Oper, Berlin, und jetzt Chef des Cleveland Orchesters. Maazel, schon in jüngsten Jahren als außergewöhnliches Talent anerkannt, mit einer phänomenalen Schlagtechnik begabt, hatte die Philharmoniker bereits im Hochschulsaal dirigiert, war dann Gastdirigent in der Philharmonie bis zu seiner Ernennung beim „RSO" und erscheint nunmehr wieder zur Freude seiner Anhänger am Pult des Berliner Philharmonischen Orchesters. Auch als Geiger ist Maazel solistisch im Rahmen einiger seiner Berliner Konzerte hervorgetreten.

Diese Aufzählung darf nicht an zwei außerordentlichen Künstlern vorübergehen, die solistisch und als Dirigenten mit den Philharmonikern musiziert haben: David Oistrach, der viel zu früh Verstorbene, und Yehudi Menuhin. David Oistrach erschien 1970 erstmalig bei den Philharmonikern als „dirigierender Geiger", wurde begeistert von Orchester und Publikum gefeiert und kam jedes Jahr bis zu seinem Tode zurück. Seine herrliche Musikalität, verbunden mit eigenen interpretativen Vorstellungen, die er dank seiner großen Persönlichkeit, aber auch dank einer gediegenen Dirigiertechnik auf das Orchester zu übertragen vermochte, haben stets denkwürdige Konzerterlebnisse vermittelt. Oistrach war ein Erwählter. – Ein Gleiches gilt von Yehudi Menuhin, der zwölfjährig im Jahre 1929 jenes denkwürdige Konzert gab, in dem er neben einem Bach-Konzert die Violinkonzerte von Beethoven und Brahms spielte. Fast ist ein halbes Jahrhundert seit diesem Ereignis vergangen. Yehudi Menuhin, Ehrenmitglied der Kameradschaft der Berliner Philharmoniker, echter Freund Berlins und seines Berliner Philharmonischen Orchesters, dirigiert jedes Jahr die vorweihnachtlichen Konzerte, bei denen er stets auch ein Violinkonzert programmiert. Ein Fest vor dem Fest!

Viele andere deutsche und internationale Dirigenten von hohem Rang und selbstverständlich fast alle führenden Solisten der Welt erscheinen mit dem Berliner Philharmonischen Orchester. Aber es ist nicht möglich, in diesem Rahmen die Namen dieser Musiker aufzuzählen und ihr verdienstvolles Wirken zu beschreiben. Sie tragen dazu bei, daß die neue Philharmonie wiederum Mittelpunkt des Musiklebens geworden ist, das einen Vergleich mit anderen Zentralpunkten der Musik, wie London, New York, Wien und Paris nicht zu scheuen hat.

Doch seien am Ende dieses Kapitals noch jene großen Komponisten aufgeführt, die Konzerte des Berliner Philharmonischen Orchesters, vornehmlich solche der Reihe „Musik des zwanzigsten Jahrhunderts" dirigiert haben. Paul Hindemith wurde bereits zuvor genannt. In einem Festwochenkonzert 1964 dirigierte Igor Stravinsky sein „Cappricio" (Solist: Nikita Magaloff). Frank Martin leitete einen ganzen, seinen Werken gewidmeten Abend, Luigi Dallapiccola und Goffredo Petrassi waren Gäste der Philharmoniker, auch Boris Blacher griff zweimal zum Taktstock. Mehrfach kam Pierre Boulez zum Orchester, um neben seinen Werken („Doubles", „Le Soleil des eaux", „Pli selon Pli") „Iberia" von Debussy und Werke von Schönberg, Webern und Bartók zu dirigieren. Häufiger Gast war und ist Hans Werner Henze, der während der ersten Spielzeit in der Philharmonie seine fünf Symphonien leitete und späterhin in verschiedenen „All-Henze"-Abenden fast alle seine Orchesterwerke zur Aufführung brachte. –

Stockhausen ist mehrfach mit den Philharmonikern aufgetreten und hat stets seine Bewunderung für ihre Anpassungsfähigkeit und die Klangschönheit des Orchesters zum Ausdruck gebracht. – Schließlich seien noch zwei polnische Komponisten erwähnt, die vor den Philharmonikern standen: Witold Lutoslawski, ein Dirigent von Format, der bisher zweimal Konzerte mit eigenen Werken dirigierte, sowie Krzysztof Penderecki, der in einem Abonnementskonzert Stravinskys „Psalmensymphonie“ sowie sein eigenes, Penderecki's, „Magnificat“ aufführte.

Dem hundertsten Geburtstag entgegen

Das letzte Kapitel gilt ausschließlich dem Berliner Philharmonischen Orchester. In wenigen Jahren wird es seinen hundersten Geburtstag begehen. Das großartige Ensemble, dessen Mitglieder Musiker und Virtuosen aus eigenem Recht sind, blickt auf eine stolze Tradition zurück, die einen wesentlichen Teil der Musikgeschichte des ausgehenden neunzehnten und des zwanzigsten Jahrhunderts bildet. Die Spitzenposition der Berliner Philharmoniker, in der Welt anerkannt und bewundert, wäre sicherlich ohne jene überragenden Dirigentenpersönlichkeiten nicht denkbar, deren unschätzbare Verdienste zuvor gewürdigt wurden. Aber auf der anderen Seite kann auch der genialste Dirigent, mag ihm noch soviel Ausstrahlungskraft, Klangsinn und Interpretationsvermögen zu eigen sein, kein Weltklasseorchester von Dauer formen, wenn ihm nur Musiker von mittlerem Können zur Verfügung stehen. Er ist kein Zauberer, der Eisen in Gold verwandelt, er braucht ein Ensemble mit ersten Kräften, um sein Bestes zu geben.

Das Berliner Philharmonische Orchester, stets auf höchstes Niveau bedacht, hat vier aufeinanderfolgenden großen Dirigenten die Möglichkeit geboten, ihr ganzes Können, ihre grundverschiedenen Persönlichkeiten voll zu entfalten, an und mit dem Orchester zu wachsen, eine künstlerische Einheit zu bilden, die mit dem Vierten der Großen, Herbert von Karajan, noch lange bestehen möge. Dieses in der Orchestergeschichte wohl einmalige „Glück des Tüchtigen“ bezeugt und beweist am besten das eminente Künstlertum der Philharmoniker, den instrumentalen Glanz ihrer solistischen Kräfte, das prachtvoll aufeinander abgestimmte Musizieren, für das sie bekannt sind.

Es ist in diesem Rahmen nur möglich, einige wenige Philharmoniker zu nennen. Michel Schwalbé, Konzertmeister und Solist par excellence, in der ganzen Welt hoch angesehen, neben ihm Thomas Brandis, Vollblutmusiker und neuerdings Leiter des „Brandis-Quartett“, sowie Léon Spierer, der oftmals größere solistische Reisen unternimmt, führen die ersten Geigen. Bei den zweiten Geigen, die gleichwichtige Aufgaben erfüllen, wirken an der Spitze Emil Maas, Musiker und Stimmführer von hoher Qualität, Mitglied des Orchestervorstandes, und Hanns-Joachim Westphal, Gründer und erster Geiger des überall hochgeschätzten „Westphal-Quartett“, ein Künstler, der sich der Musik mit allen Fasern seines Herzens hingibt. Die rechts vom Dirigenten sitzenden Bratschen, Solo-Bratscher: Giusto Cappone und Rainer Moog, zeichnen sich durch große Tonschönheit aus, die dem Gesamtklang des Orchesters zugute kommt. Die Cello-Gruppe mit Eberhard Finke und Ottomar Borwitzky hat Weltberühmtheit erlangt. Wo immer die „Zwölf Cellisten der Berliner Philharmoniker“ mit einem eigenen, für sie geschriebenen Programm auftreten, werden sie mit Recht bejubelt. Gleichbedeutend ist die hervorragende Kontrabaßgruppe, eine der besten der Welt. Sie wird von Friedrich Witt und Rainer Zepperitz geführt. Rainer Zepperitz ist nicht nur Solo-Bassist, sondern betreut auch das „Philharmonische Oktett“, das sich in Europa, den USA und in Asien einen bedeutenden Namen gemacht hat; außerdem ist er Vorstandsmitglied des Orchesters. – Von Solo-Bläsern sind Karl-Heinz Zöller, Flötist der Extra-Klasse, sowie der hochbegabte Andreas Blau, der jüngste Solo-Flötist in der Geschichte des Orchesters, zu nennen. Über den phänomenalen Lothar Koch (Oboe) ist kein Wort zu verlieren. Dank gebührt Karl Steins, der seit mehr als 25 Jahren die verantwortungsvolle Position des anderen Solo-Oboisten einnimmt, sowie Gerhard Stempnik, der über drei Jahrzehnte das Englisch-Horn mit seinen zahlreichen Solo-Aufgaben klangschön bläst. Zu den Glanzlichtern der Holzbläsergruppe zählen weiterhin die beiden Solo-Klarinettisten Karl Leister und Ulf Rodenhäuser, der Baßklarinettist Frank-Ulrich Wurlitzer, sowie Manfred Braun (Solo-Fagott), Günter Piesk (Solo-Fagott), der zugleich Vorsitzender des Personalrats ist, und Karl-Friedrich Jungk (Kontra-Fagott). – Solo-Hornisten sind Norbert Hauptmann, dessen leuchtender Ton sich besonders für romantische Musik eignet, und Gerd Seifert, einer der ersten Hornisten der Welt, berühmt durch seinen „Siegfried-Ruf“, den er jahraus, jahrein in Bayreuth bläst. Zwei junge, sich glänzend ergänzende Trompeter, Konradin Groth und Martin Kretzer, zwei etwas ältere Solo-Posaunisten, Johannes Doms und Karl-Heinz Duse-Utesch, sie alle exzellente Instrumentalisten und Musiker, bilden zusammen mit Paul Hümpel, dem kraftvollen Baßtubisten, die Blechgruppe, deren edler Gesamtklang stets beeindruckt. – Für jedes Orchester ist die Besetzung von Pauken und Schlagzeug von besonderer Bedeutung. Die Berliner Philharmoniker besitzen in den Solo-Paukern Werner Thärichen und Oswald Vogler sowie in Hans-Dieter Lembens, Fredi Müller und Gernot Schulz ausgezeichnete, rhythmisch verläßliche Kräfte. – Schließlich ist Fritz Helmis zu nennen, der seit 1959 dem Orchester als gediegener Harfenist angehört.

Dennoch ist das Berliner Philharmonische Orchester ein in sich geschlossener Klangkörper mit einer Eigenpersönlichkeit, die sich nicht von heute auf morgen verändern läßt. Darum ist es bisher stets gelungen, technisches Können, Stilgefühl, die große Kunst des Zusammenspiels, von einer Generation auf die andere zu übertragen. Seit Jahrzehnten bleibt das Niveau des Orchesters unverändert hoch, Klang und Klangfarbe sind die gleichen geblieben, fast möchte man denken, daß es noch immer dieselben Musiker sind, die die Konzerte spielen. Doch das Orchester verjüngt sich fast jedes Jahr, nimmt junge Instrumentalisten auf, die in relativ kurzer Zeit Philharmoniker werden (sonst könnten sie sich nicht im Ensemble halten) und in die Verantwortung hineinwachsen. Nur eine Zahl: von den Mitgliedern, die bei Karajans Ernennung zum „ständigen Dirigenten" im Orchester waren, sind heute nur noch 36 aktiv! Dennoch hat sich die Persönlichkeit des Orchesters nicht verändert, der herrliche Klang ist geblieben, und niemand würde auf den Gedanken kommen, daß es sich, im Grunde genommen, um ein anderes Orchester handelt, das jetzt unter Karajan spielt!

Aus der Eigenpersönlichkeit des Orchesters erwächst auch der oft zitierte „Philharmonische Geist". Niemals werden die Philharmoniker unter einen bestimmten Leistungsgrad absinken; dies würde ihr Stolz nicht zulassen. Mögen die Umstände einmal ungünstig sein, mag es einem Gastdirigenten an Kontakt- oder Inspirationsvermögen fehlen, die Philharmoniker werden von sich aus alles geben, um dennoch ein würdiges Konzert zu gewährleisten. Imponierend ist das ungemein hohe technische wie musikalische Niveau, das jedem Gastdirigenten von vornherein angeboten wird, das zu steigern oftmals gar nicht einfach ist. Erstaunlich die Flexibilität des Orchesters, ohne die das System der zahlreichen Gastdirigenten gar nicht durchführbar wäre, wie auch die schnelle Auffassungsgabe aller Mitglieder, die im Lauf der letzten beiden Jahrzehnte in steigendem Maße zeitgenössische, oftmals überaus komplexe Musik zu bewältigen hatten, deren besondere Notierung, verbunden mit speziellen instrumentalen Effekten bei relativ kurzer Probenzeit ungewöhnliche Anforderungen stellt. Nicht selten haben sich die Philharmoniker Werke der „Avantgarde" in kürzerer Probenzeit erarbeitet, als sie anderen Orchestern zur Verfügung stand. Mit Recht sind sie als „intelligentes" Orchester gepriesen worden, als ein hellwaches Ensemble, das für neue Werke, aber auch für ungewohnte Deutungen älterer Kompositionen echtes Interesse zeigt und bei der Lösung einzslner interpretativer Probleme, heikler Stellen, Fragen des Zusammenspiels, geistig mitgeht.

Zum „Philharmonischen Geist" gehört aber auch das Engagement jedes einzelnen Mitglieds. Stets soll er sein Allerbestes geben, so spielen, als ob Erfolg oder Mißerfolg des ganzen Konzerts ausschließlich von seiner eigenen Leistung abhinge! Nur eine solche Einstellung macht aus ihm einen Philharmoniker, bedeutet Hingabe an die Musik, von der er erfüllt sein muß, die mitzuinterpretieren, in ihr aufzugehen, seine vornehmste Aufgabe ist. – Aber er muß nicht nur auf sich, sondern auch auf seine Mitspieler hören, den Spielablauf verfolgen, mit anderen Worten, sich jederzeit als Kammermusiker bewähren.

Eine Vielzahl philharmonischer Streicher und Bläser hat sich zu kammermusikalischen Gruppen zusammengeschlossen, konzertiert so oft wie möglich, und hat zum Ruhm des Orchesters wesentlich beigetragen. Bedeutung und Wert kammermusikalischen Wirkens kann kaum mit Worten dargelegt werden. Auch ein Orchester von achtzig oder mehr Musikern soll wie ein großes Kammerorchester spielen und klingen, wie es bei den Philharmonikern in der Regel der Fall ist.

Gibt es etwas „Besonderes", das die Berliner Philharmoniker zu solchen Leistungen befähigt? Die Antwort lautet: „Ja". Das Orchester ist seit Anbeginn eine demokratische Organisation, deren Mitglieder ein künstlerisches Selbstverwaltungsrecht besitzen, welches niemals angetastet worden ist. Dieses Selbstverwaltungsrecht beinhaltet, kurz skizziert, die folgende Befugnisse. 1) Das Orchester wählt seinen „ständigen Dirigenten". 2) Das Orchester wählt den Intendanten. 3) Wer dem Orchester beitreten will, muß vor allen Philharmonikern vorspielen, die dann abstimmen. Erhält der Kandidat die Mehrheit und somit ein Probejahr, so entscheidet nach Ablauf der Probezeit eine qualifizierte Mehrheit des Orchesters über die endgültige Einstellung des Musikers. Der „ständige Dirigent" hat ein „Veto-Recht", das bisher noch niemals ausgeübt worden ist. 4) Das Orchester wird durch einen zweiköpfigen Vorstand vertreten, der ein Mitspracherecht bei allen künstlerischen und organisatorischen Entscheidungen besitzt. Dem Vorstand und dem Intendanten steht ein weiteres Gremium, der sogenannte „Fünferrat" zur Seite, um den Kontakt mit den Orchestermitgliedern aufrechtzuerhalten.

Die außerordentliche Bedeutung dieses künstlerischen Selbstverwaltungsrechts liegt auf der Hand. Es erhält dem Philharmoniker sein freies Künstlertum, gibt ihm einen eigenen, durch nichts zu beeinträchtigenden Status und macht ihn zum vollwertigen Mitglied der Gemeinschaft. Wenn ein Philharmoniker das Podium betritt, so tut er dies in dem Bewußtsein, daß es sich um „sein" Konzert, „sein" Orchester handelt. Er ist nicht Angestellter im üblichen Sinn, trägt jederzeit die Mitverantwortung, oftmals die Alleinverantwortung für das Gelingen des Ganzen. Wohl und Wehe der Gemeinschaft werden von ihm mitbestimmt und mitgeregelt, er weiß, daß er Teil einer demokratischen Institution ist mit allen Rechten und Pflichten. Schon Furtwängler sprach von der „kleinen Orchesterrepublik" der Berliner Philharmoniker. Bei der Gründung des Orchesters war sie eine durch die Umstände bedingte Notwendigkeit, nunmehr ist sie integrierender Bestandteil des philharmonischen Geschehens. Sie hat die Monarchie, die Weimarer Zeit, das „Dritte Reich" überlebt, sich auch nach dem zweiten Weltkrieg behauptet und stellt die beste Garantie für eine gesicherte

Zukunft dar. Möge der hundertste Geburtstag des Berliner Philharmonischen Orchesters im Zeichen dieser Orchesterdemokratie gefeiert werden, dann wird das „Philharmonische Glück“ noch lange anhalten.

Bildnachweis:

Berliner Philharmonisches Orchester 1, Bote & Bock 1, Ilse Buhs 1, Reinhard Friedrich 15, Foto-Kessler 4, Siegfried Lauterwasser 3, DG/ Neumeister 1, Liselotte und Armin Orgel-Köhne 2, Ullstein-Bilderdienst 6.

Bildnachweis:

Berliner Philharmonisches Orchester 1, Bote & Bock 1,
Ilse Buhs 1, Reinhard Friedrich 15, Foto-Kessler 4,
Siegfried Lauterwasser 3, DG/ Neumeister 1,
Liselotte und Armin Orgel-Köhne 2, Ullstein-Bilderdienst 6.